# 頭のいい子が育つママの習慣

清水克彦

PHP文庫

○本表紙図柄＝ロゼッタ・ストーン（大英博物館蔵）
○本表紙デザイン＋紋章＝上田晃郷

## まえがき――家庭の教育力はママしだい

教育問題や小中学校の受験事情を取材する中で、多くの先生方から聞かされてきた言葉がある。それは、

「最近、どうも、家庭の教育力が大きく落ちたような気がする」

というフレーズである。

きちんと勉強させている家庭とそうでない家庭、そして、しつけが行き届いている家庭とそうでない家庭、さらには、子どもと触れ合う時間を設けている家庭とそうでない家庭の開きが大きくなり、数の上では、どの部分でも不足している家庭が増えているというのだ。

実際にそれを裏付ける調査結果もある。

**◆東京大学大学院教育学研究科基礎学力研究開発センター「学力問題に関する全国調査」**（二〇〇六年九月発表から抜粋。調査対象は校長以下教員）

◎家庭の教育力について

・上がった……………………一・七%
・変わらない…………………八・四%
・下がった、悪くなった……八九・九%
◎家庭での基本的なしつけの欠如
・深刻でない…………………〇・六%
・あまり深刻でない…………九・〇%
・やや深刻……………………五一・六%
・きわめて深刻………………三八・八%
◎特に教育力のない家庭がある
・深刻でない…………………〇・八%
・あまり深刻でない…………九・四%
・やや深刻……………………四一・八%
・きわめて深刻………………四八・〇%

数値を見れば明らかなように、どの項目も、九割近い先生方が、「家庭の教育力」について、「悪くなった」「深刻だ」と感じているのだ。

言うまでもなく、子どもを伸ばす場所としては、主に、学校、家庭、地域社会、それに、場合によっては塾や習い事の教室などが挙げられるが、子どもが過ごす時間の長さから言えば、学校と家庭が双璧《そうへき》だ。

そのうち学校が、ゆとり教育の導入と転換、競争原理に基づく教育現場の構造改革などによって翻弄《ほんろう》され、さらに家庭までもが教育力を失えば、子どもの将来はいったいどうなってしまうのか、と一抹《いちまつ》の不安を抱かざるをえない。

そこで本書である。

私はこれまで、望外の評価を頂戴した拙著『頭のいい子が育つパパの習慣』（PHP文庫）をはじめ、主に「父親力」に焦点を当て、その大切さを説いてきた。

しかし、一般的に申し上げて、父親以上に子どもとの接点が多く、精神的にもつながりが深いのが母親だ。

**◆内閣府「低年齢少年の生活と意識に関する調査」**（二〇〇七年三月発表から抜粋、調査対象は小学四年生～中学三年生の男女）

◎親に対して感じること

・お父さんは自分の気持ちをわかってくれる……二七・二％

・お母さんは自分の気持ちをわかってくれる……四〇・八％

◎困ったことや悩みの相談相手（複数回答）

〈小学生〉一位＝お母さん………七四・四％
　　　　二位＝同性の友だち……四八・二％
　　　　三位＝お父さん…………三四・三％

〈中学生〉一位＝同性の友だち……六九・八％
　　　　二位＝お母さん…………五四・五％
　　　　三位＝お父さん…………二四・四％

この調査結果でもそうだが、父親よりも子どもとの結び付きが強い母親について、どういう関わり方をすれば、子どもを伸ばせるのか、これまでの取材や経験をもとに述べておきたいと考えたのが本書の出発点だ。加えて、

「パパだけでなく、ママについても書いてほしい」

「特に幼年期から中学校へ入るくらいまでの子どもを持つ保護者に、ヒントになるようなママ本をお願いします」

ありがたいことに、こうした声を、学校関係者や講演先などからいただいたこと

も、本書を書き下ろすきっかけになった。

詳しい中身については、もちろん本編で述べていくが、私は、子どもの誰もが持っているさまざまな才能を伸ばしていくためには、まず第一に、子どもを「素直な子」や「がまんできる子」に育てていく必要があると思っている。

それと同時に、子どもらしい子ども、言うなれば、いきいきとして目が輝いているような子どもに育んでいくことが大切だと考えている。

そして、これらの素地ができれば、今度は、自分の頭で考え、積極的に取り組もうとする「やる気」を引き出し、多くの親が子どもに望んでいる学力のアップへとつなげていけばいいのだと思っている。

私はこういう考え方のもとに本編を五つの章にわけた。

・子どもを「素直な子」「がまんできる子」にするには……
・元気でいきいきした子どもにするには……
・子どもの中の「やる気」を前面に引き出すには……
・「頭がいい」のベースとなる学力をアップさせるには……
・働いていることを子育てでプラスに変えるには……

最初の四つについては、今述べたとおりだが、最後の章では、近頃、正社員としてだけでなく、派遣社員やパート従業員として仕事を持つ母親が増えている現状を踏まえ、ママ業と仕事を両立させながら、子どもを伸ばしていく方法についても触れていこうと思う。

項目は全部で六〇ある。

どれもが今日からほとんどコストをかけずにできることばかりなので、この中のいくつかでも実践していただけたら嬉しい。

私自身も子どもを持つ親なので、これを妻にも勧めながら、皆さんと一緒に、子どもをトータルな意味で「頭のいい子」にする生活習慣、そして家庭のあり方について考えていきたいと思っている。

清水克彦

# 頭のいい子が育つママの習慣◉目次

## 第1章 子どもを素直な子にするママの習慣

第2章

## いきいきとした子どもに育てるママの習慣

第3章

## 子どもの「やる気」を引き出すママの習慣

## 第4章 学力をアップさせるママの習慣

第5章

## 働いているからこそできるママの習慣



本文イラスト・上田三根子

第1章

# 子どもを素直な子にする
# ママの習慣

# 1 素直な子、がまんできる子の未来は明るい

ラジオ局の記者やプロデューサーとして、政財界やスポーツ界など、さまざまな分野で成功した著名人と会う中で気づかされてきたことがある。それは、素直な性格の人、そして、ここぞというときにがまんできる人が成功するということだ。

大物と呼ばれる人の中には、一部、わがままで周囲の人間の言うことを聞かない人もいるが、功なり名を遂げた人たちの多くは、たとえば、私が、番組を作る過程で注文をつけると、素直に聞き入れ、逆に、「遠慮なく言ってください」とアドバイスを求めてくる謙虚さを持ち合わせている。

また、打合せをしながら、成功するまでの話を聞いていると、何度も高い壁に跳ね返されそうになりながら、辛抱して克服してきた経験をいくつも持っているという共通項がある。

私はこれまで、こうした著名人と接しながら、子どもを頭のいい子にし、激動の社会を生き抜いていける人間へと育てるためには、素直でがまんできる子に育てることがもっとも重要だと感じたものだ。

性格が素直だと、親や先生、それに周囲の人間たちの教えに抵抗なく耳を傾けることができる。

「毎日の積み重ねが大事だから、少しでも計算問題と漢字ドリルはやろうね」

「もう少し、左のドリブルを練習したほうがいいよ」

勉強面はもちろん、運動面でも、こうした周囲の声を素直に聞ける子どもは上達が早くなる。

さらに、素直だと誰にでも好かれるので、頑固な子や反抗ばかりする子より丁寧に指導してもらえるチャンスも増えてくる。

がまんできる子も、将来的に大きなプラスになる。

子どもは「食べる」「寝る」「遊ぶ」が本業のようなものだが、それを一時的にがまんし、今やるべきことをきちんとこなす習慣がついている子どもは、それぞれが持っている才能を、最大限、伸ばすことが可能になる。

「外遊びをしたら疲れちゃった。でも、これだけはやっておこう」

「友だちにひどいことを言われた。でも、ケンカをするのはやめておこう」

このように、自分の気持ちをコントロールできる子どもは、成績がアップするだけでなく、キレたり暴走したりすることなく成長していくことができる。

素直でがまんできる子というのは、このようにいいことずくめなので、何はさておき、ママには、子どもを素直な子、がまんできる子へと育んでいただきたいと思うのだ。

では、ママとしてどのように接すれば、わが子をそういう子どもに育てることができるのだろうか。

本章ではまず、素直な子に育てるという部分から述べていくことにしよう。

ここでは、昨今、企業の人材育成や社員の能力開発で採り入れられている「コーチング」という手法に注目してみたい。

この「コーチング」という手法には、主に「傾聴」「質問」「承認」、そして「提案」と四つの関わり方がある。

このうち「傾聴」は、文字通り、子どもが話す内容をしっかり聞くというスタンスで、話の内容に興味と理解を示しながら耳を傾けるという意味だ。

「そう、悲しかったの。そんなことをされるとママも悲しくなっちゃうな」

このように、どんな内容の話であっても、ママは子どもの立場になって丸ごと受け止め、一緒に考える姿勢を持ってほしい。

次は「質問」だ。これは子どもに話しかけるとき、なるべく、子どもに長く答えさせる語りかけをしてほしいということである。

「それでどう思ったの？」とか、「じゃあ今度からどうすればいいかな？」など、本音を引き出すように水を向け、ママとして優しくアドバイスすればＯＫだ。

三つめの「承認」は、子どもをほめたり認めたりすることだ。

「よくお手伝いしてくれたね。ママ、助かっちゃったわ」

「○○ちゃんは本当に優しい子ね。ママはそんな○○ちゃんが大好きよ」

などと、子どもの行動を評価したり、子どもの存在そのものを肯定してみよう。

四つめの「提案」は、ママが子どもに命令や指示をするのではなく、子どもがとるべき行動は、子ども自身で判断させる方法だ。

たとえば、「早く寝なさい」を、「こんなに遅くまで起きていて、明日の朝、ちゃんと起きられる？」と言い換えることによって、子どもに決めさせるのだ。

ママが、これら「傾聴」「質問」「承認」「提案」の四つに留意すれば、子どもは、（僕はママに愛されている）（私はママに守られている）と感じるようになる。

子どもは元来、ママには何でも話したがるものなので、ママが子どもをしっかり受け止める姿勢を見せさえすれば、何でも話す子、ママの言うことを素直に聞き入れる子になっていくことだろう。

## 2 「ア行」の言葉がけが、子どもを素直にする

子どもを素直な子にするには、ママの日頃の言葉がけがとても大切になる。

何気なく発した言葉が、子どもの心を躍動させることもあれば、傷つけてしまうこともあるからだ。

私はこれまで、ラジオの仕事を通じて、あるいは、受験事情を取材する中で、多くの小学校を訪問してきたが、子どもたちに「ママやパパから言われて嬉しかった言葉」を挙げてもらったところ、次のような言葉が並んだ。

・ありがとう＝「お手伝いしてくれてありがとう」など
・いい子だね＝「○○ちゃんは、本当にいい子だね」など
・うまくなったね＝「前よりずっとうまくなったね」など
・えらいね＝「最後まで頑張ってえらいね」など
・面白いね＝「そのアイデア、面白いね」など

前ページのとおり、いずれも「ア行」で始まる言葉だ。

これらの言葉は、子どもにとって、（僕は認められている）（私は受け容れられている）と感じる言葉で、心の中に大きな○（＝自信）がつく言葉でもある。

私は、ママに、子どもとの日頃の会話の中で、こうした「ア行」で始まる言葉をできるだけ多用していただきたいと考えている。

「ありがとう」は、子どもの行為に感謝する言葉だ。また、「いい子だね」は、子どもの性格を評価する言葉で、「うまくなったね」や「えらいね」、それに「面白いね」は、子どもに大きな自信を与えるフレーズだ。

ママがこれらの言葉をたくさん使えば、子どもの情緒は安定し、自己肯定感へとつなげることができる。

子どもは誰しも、（親に認められたい）（たくさんほめてもらいたい）という気持ちと、（僕は認められているんだろうか）（私は受け容れてもらっているんだろうか）という不安の中にいるものなので、どんどん「ア行」の言葉を口に出して、子どもに安心感を与えてあげよう。

いつも身近にいるママから「いい子だね」「えらいね」といった言葉がけをされてきた子どもは、自分自身を好きになる。そして、自分を大切に思ってくれているママのことも、より深く愛するようになる。

このことが、子どもを素直な子へと導くのである。

逆に、ある小学校で聞いた、「ママやパパから言われて嫌な気持ちになった言葉」は次のようなものだ。

・ホントにバカなんだから
・ダメな子ね
・早くしなさい
・いい加減にしなさい
・もう、おうちに入れないわよ
・ママ（パパ）は、もう知らないからね
・だから言ったでしょ？
・ちゃんと言うことを聞きなさい
・ママの子じゃない
・お姉ちゃんはできるのに、何でアンタはできないの？

こうした言葉は、子どもの心を暗く沈ませてしまうか、親に対する反発心を生じさせてしまうNGワードだ。

「ホントにバカ」とか「ダメ」を連発されると、存在を全否定された気持ちになる。「早くしなさい」や「いい加減にしなさい」も心理的に圧迫を受けるだけの言葉である。

また、「おうちに入れない」や「もう知らない」、あるいは「ママの子じゃない」という言葉は、子どもを親から強く拒絶されたという感覚に陥れるだけのマイナス効果しかなく、「だから言ったでしょ？」や「言うことを聞きなさい」も、何度言われても、子どもにすると、（やっぱりママの言うことは正しかったんだ）と素直に認める気にはなれない言葉である。

いずれにせよ、ネガティブな言葉がけをされ続けてきた子どもは、自分に自信がなく、自分を嫌いになるケースが多い。

その結果、すぐにあきらめたり、反抗的な態度に出たりもするので、ママの習慣として、「ア行」の言葉がけを励行してほしいと思う。

## 3 ママ自身が言い訳をしない

日頃、記者として、「政治とカネ」の問題や企業の不祥事などを取材していると、自分に明らかに非があるにもかかわらず、それを簡単には認めず、潔く頭を下げることをしない大人たちに出くわすことが多い。

私は彼らの姿を間近で見ながら、子どもにはこういった姿を見せたくないと思うし、同時に、わが子には、間違ったことをした場合、素直に謝ることができる人間になってほしいと思うのである。

そのためには、親が子どもの前で、安易に言い訳をしないことが大切だ。

特に子どもは、パパよりも触れ合う時間が長いママをじっくり観察しているものだ。そして、知らず知らずのうちに、その姿をまねるようになるものだ。

「その子を知らざれば、その母を見よ」などといったことわざも、ママの子どもに対する影響力がいかに大きいかを物語るフレーズである。

したがって、ママが、自分の失敗や間違いを素直に認めず、言い訳ばかりしていると、子どもも同じようになってしまう可能性があるということだ。たとえば、

「友だちが久しぶりに電話してきて、なかなか切らないから、ゆでていたパスタが伸びてしまったわ」

「雨が降ってきたのを誰も教えてくれないから、洗濯物が濡《ぬ》れちゃったじゃない」

　このように、ママが家庭の中で、誰かのせいにしながら頻繁《ひんぱん》に言い訳をしていると、近くでその姿を見てきた子どもも、何かミスをしたとき素直に非を認めず、責任を誰かに転嫁するようになる。

　自分に責任の多くがあると思えば、

「ママが長電話しちゃったから伸びちゃったね、ごめんね」

「ママが雨に気づかなかったから、乾かしていたのに濡れてしまったわ、ごめん」

などと謝る姿勢を見せたほうが、素直な子どもに育てるうえでプラスになる。

　子どもは、「○○ちゃんがひどいことを言ってきたからケンカになった」とか、「△△のせいで、忘れ物をしてしまった」とか、とかく言い訳をし、自分を取り繕おうとするものだ。

　しかし、そのまま成長してしまうと、先ほど述べた、非があっても認めず謝らない大人になってしまう危険性があるので、できれば、子どもが小学生のうちに、ママが手本となって、失敗や間違いを素直に認める子にしておく必要がある。

そうさせるには、子どもの失敗をきつく叱らない、間違ったことを怒らないといったママの習慣が求められる。

（本当のことを話したら、厳しく叱られる）

こんな恐怖心を植えつけないよう、失敗や間違いを正直に話してくれたことをほめ、ミスの中から何かを学ばせるようにもっていこう。

また、言い訳という点では、子どもの先回りをして言い訳をすることも厳禁だ。

「数日前に熱が出ちゃってね、ちょっとかわいそうだったわ」

「たまたますごい投手のいるチームと当たっちゃって、もう全然よ」

ママとしては、子どもをかばう意味と世間体もあって、「試験ができなかったのは熱のせい」「野球の試合で負けたのは相手チームの剛腕投手のせい」と言いたいのだが、これが習慣化してしまうと、子どもは、

（もし失敗しても、ママがうまくやってくれる）

と思うようになり、失敗や間違いを自分のこととしてとらえようとしなくなる。

周囲の声にきちんと耳を傾けることも素直さなら、非を認め潔く謝ることも素直さだ。この習慣が、失敗を前向きにとらえ次に生かそうとする気持ちにつながるので、まずママが、滅多なことでは言い訳をしない姿勢を見せておきたいものだ。

# 4 きちんと挨拶ができる子に育てよう

「挨拶ができる子は学力が伸びる」

こんな進学塾のキャッチコピーを、首都圏を走るＪＲ線の車内広告で見たことがある。

私も、小中学校受験の現状を取材しながら、きちんと挨拶ができる子どもは、表現力が豊かで好奇心旺盛、加えて、挨拶をするようにしつけてきた両親も、生活習慣を整え、勉強する習慣をつけることに力を入れてきた方がほとんどだと感じてきたので、「挨拶ができる子＝頭のいい子」という図式は、おおむね当たっているように思う。

しかし私は、もっと高い確率で、「挨拶ができる子＝素直な子」と言えるのではないかと思っている。

私はこれまで、拙著や講演の中で、「オアシス言葉」が、子どもを素直な子にし、ひいては学力を伸ばしていく基本になると述べてきた。

・オ＝おはようございます
・ア＝ありがとうございます
・シ＝失礼します
・ス＝すみません

「オアシス言葉」とは、これらの言葉の総称で、それぞれ、相互の気持ちを明るくする言葉、感謝の意を表す言葉、相手に配慮する言葉、そして、素直な心を育む言葉として、コミュニケーションの起点となる言葉のことだ。

問題は、これらの言葉を発することが、なぜ、子どもを素直な子にすることにつながるのか、という点である。

まず、「おはようございます」に代表される挨拶は、「こんにちは」や「こんばんは」も含め、相手の存在を認め、親しさを表現したり、仲良くなりたいと思う気持ちを表したりする言葉だ。

目上の人に対しては、敬う気持ちを含み、周囲に対しても「今日も一日、よろしくお願いします」の意味を込めた言葉でもある。この「おはようございます」を明るく元気に口から発することは、言われた人の気持ちを明るくし、発した子ども本人の心も、（さあ、やるぞ）という思いに変えることになるのだ。

次に「ありがとうございます」についてだ。

キャスターやコメンテーターとして数々の番組に出演してきた経験から言えば、「ありがとうございます」は意外と言いにくい言葉である。

早く言おうとすると、後半の「ございます」が尻すぼみに小さな音になったり、「ありあとあす」や「ありあとあした」に聞こえたりする。

日本語は英語などと違い、一つ一つの音をはっきり発音しないときれいに伝わらない言語なので、「ありがとうございます」も、一〇個の音をはっきり発音することが大切になってくる。

当然、そのためには、心を込めて語尾まできちんと発音することが必要になってくるので、明快に「ありがとうございます」を言うことは、相手の顔を見て、心から感謝の気持ちを表すことに結びついてくるのだ。

次の「失礼します」は、相手に配慮する言葉で、場の空気を読めているかどうかのバロメーターにもなる言葉だ。

子どもを自分のことしか考えない子にしないために、そして、今、相手に話しかけたり、外から割り込んでいい状況かどうかなど、配慮できる人間に育てていくためにも、ママが、日頃の生活の中で、どういうときに使えばいいのかを、ケーススタディとして教えておくべき言葉である。

最後の「すみません」は、子どもを素直な子にする第一歩になる言葉だ。

先に述べたように、先生やコーチがせっかく的確なアドバイスをしても、（ふーん）で終わらせたり、（うざいなあ）などと耳を貸さなかったりすると、たとえ光る才能を持っていても、それを十分には伸ばせなくなる。

そのためには、率直に非を認め謝る言葉である「すみません」や「ごめんなさい」をしっかり言える子どもにしておこう。

言うまでもなく、子どもは一人では成長できない。先生や親、周囲の人たちの力を借りながら学び、伸びていくものだ。

そういう中で使用する「オアシス言葉」は、コミュニケーションを円滑にし、子ども自身の心も向上させるスイッチのようなものである。

これらの言葉は、日頃の生活しだいなので、子どもに正しく使わせたければ、身近にいるママが、「オアシス言葉」をきちんと使ってみることだ。

そうすれば、子どももそれに続くようになり、しだいに謙虚で素直、礼儀正しく誰からも愛される人間に育っていくことだろう。

# 5 「かっこいい」「かわいい」が素直な気持ちを育てる

東京都教育委員会が、二〇〇八年に都内の小中高生を対象に実施した「自尊感情や自己肯定感に関する意識調査」で、自分を好きになれない子どもたちが成長するにつれて増えていく実態が明らかになった。

それによれば、小学一年生では八四％の子どもが、「自分のことを好きか」の問いに肯定的な回答をしたものの、小学六年生では五九％へと低下し、中学生になると過半数の生徒が、「そう思わない」もしくは「どちらかと言えばそう思わない」と、否定的な回答をしたというのだ。

また、ユニセフがOECD（経済協力開発機構）加盟国の十五歳を対象に実施した調査（二〇〇七年発表）では、「孤独を感じる」と答えた子どもたちの割合が、日本の場合、二九・八％と、他の加盟国を寄せつけずダントツのトップになってしまった。

自分を肯定できず、しかも孤独を感じながら生きている子どもたち。それがすべての子どもにあてはまるわけではないにせよ、私はこの状態を、子どもの身近にいるママの力で解決できないか、と思うのである。

そのためには、ママが子どもに対し肯定的な言葉がけを多くすることだ。

先に「ア行」の言葉がけについて述べたが、「サ行」で始まる言葉も、子どもに、自分は受け容れられていると実感させる言葉になる。

・さすが＝「さすが、〇〇ちゃん、よくできたね」
・信じられない＝「計算がこんなに速くできるようになったなんて、信じられない」
・すごい＝「短時間でここまでできたなんて、すごいね」
・せっかく〇〇したのにね＝「せっかく朝早く起きて頑張ったのにね」
・そのとおり＝「そのとおり、〇〇ちゃんの言うとおりだね」

いずれも、子どもの自己肯定感を高め、孤独感を癒《いや》す言葉ばかりだ。子どもの努力を評価したり、労をねぎらったり、意見を尊重したりするフレーズによって、自己肯定感のなさや孤独感が解消されれば、子どもの気持ちが安定し、ママの言葉にも、今まで以上に素直に耳を傾けるようになるはずだ。

もっとシンプルに子どもを肯定する言葉に、「かっこいい」や「かわいい」がある。

このうち「かっこいい」は主に男の子向き、「かわいい」は主として女の子向きの評価軸になる。

男の子は、概して好奇心旺盛であるケースが多い。後先をかえりみず、興味を持ったものを追いかけるといった習性は、男の子特有のものといっていい。

その一方で、女の子からどう見られているのかをはじめ、親からどう評価されているのか、などを気にする繊細な部分も持ち合わせている。

そういった男の子の気持ちをうまく乗せ、素直な子どもへと育むキーワードが、「かっこいい」という言葉なのだ。

「最後まであきらめずに頑張る姿って、かっこいいよ」

「算数や理科ができる男の子ってかっこいいよ」

こんなふうに、「かっこいい」をキーワードに焚《た》きつけてみれば、その響きがストレートに耳に飛び込むことになるだろう。

同様に、女の子の場合は「かわいい」が殺し文句になる。女の子の場合、好奇心より感受性が力の源泉になるので、

「あなたは本当にかわいい子」

「かわいいあなたがいてくれて、ママはとても幸せ」

このように、愛《いと》おしく思う気持ちを伝え続ければ、女の子の気持ちは穏やかになり、本当に素直でかわいい女性へと成長していくだろう。

これらの「かっこいい」や「かわいい」は、それぞれ男の子や女の子を素直な子にするだけでなく、人間としての判断基準を植えつけることにもひと役買う言葉になる。

現代は社会が多様化し、ものの善悪や価値判断の基準が大きく揺らいでいる時代だ。それだけに、子どもが迷わないよう、身近にいるママが、パパとともに導いていかなければ、子どもはもっと迷うことになる。

「今、○○ちゃんがやったこと、周りから見て『かっこいい』ことだと思う?」

「それって、かわいい女性、素敵な女性がすること?」

子どもが間違った行為をした場合、あるいは、社会の規範から逸脱した行動をとった場合、このようにキーワードを使ってたしなめれば、子どもにとっては厳しく叱責されるよりも心に刺さることだろう。

# 6 他人の前で、わが子をほめよう

私が訪問した小学校で聞いた「ママやパパから言われて嬉しかった言葉」については先に紹介したが、逆に「言われて嫌だった言葉」として、「勉強しなさい」「何でできないの？」といったフレーズのほかに、人前で自分のことを悪く言われたことを挙げる子がいて、それに同調する声が相次いだので紹介しておこう。

それは、ママやパパが人前で、自分のことを「うちの子なんて全然ダメです」とか、「ホント、できが悪くて……」などと悪く言うのが嫌ということなのだ。

考えてみれば、子どもを連れて知人と会うとき、

「あら、大きくなったわねえ。さぞお勉強もできるんでしょう？」

などと聞かれた際、「いやいや、それがからっきしダメで」とか、「図体《ずうたい》ばかり大きくなって、デキは悪いんですよ」などと、子どものことを悪く言うケースはままある。

親からしてみれば、それは謙遜《けんそん》の意味や、子どもに慢心させたくないという思いからであっても、子どもは目の前で自分を悪く言われると、そのまま受け取ってし

まい、深く傷ついてしまうのだ。

第三者から「しっかりしたお子さんですね」と性格をほめられたときも、

「いえいえ、まだまだ赤ちゃんで困っているんです」

「そんなことないですよ、もうホントわがままで」

などと言ってしまうと、子どもは、大人特有の外面と内面を区別できないため、（ママはそんなふうに思っているのか）と額面どおり受け取ってしまうのだ。

小学校高学年とか中学生のように、少し成長した子どもなら特に、自分の欠点を把握しているので、そのことをあらためて第三者の前で指摘されると、自尊心が傷つき、耐えがたい屈辱感を味わうことにもなる。

家庭内で、いくら自信をつけさせる言葉がけを励行していたとしても、人前で酷評されると、子どもは、（どっちなの？）とかえって混乱してしまう可能性もあるのだ。

ここで、「まえがき」でも触れた、内閣府が小学四年生から中学三年生までの男女を対象に実施した調査の一部を見ていただきたい。

**◆内閣府「低年齢少年の生活と意識に関する調査」**（二〇〇七年発表から抜粋）

◎母親の子どもにかかわることへの認知度

・学校の成績……………………………知っている　八八・三％
・友だちの名前…………………………知っている　五三・〇％
・学校で学んでいる内容………………知っている　一七・〇％
・子どもが困っていること、悩んでいること……知っている　一〇・四％

これを見ると、学校の成績については大半の母親がしっかり把握しているのに対し、学んでいる内容や心の中の悩みなどについては、それほど認知度が高くない実態が浮き彫りとなっている。

この調査では、父親に関してもデータを集計しているが、母親の子どもに関する認知度は、いずれの項目でも、父親よりはマシという程度である。

こういう状態にもかかわらず、いつも身近にいて、子どもからすれば、もっとも自分のことを理解してくれていてほしいと思っているママからネガティブな言葉が飛び出すと、子どもは素直になるどころか、不満をさらに募らせ、孤独感まで抱くようになるのではないだろうか。

私は、子どもが第三者からほめられた場合、必要以上に謙遜するのではなく、「ありがとうございます」と返すべきだと思っている。

「親バカかもしれませんが、本当にいい子なんですよ」

「頑張り屋さんで、何でも一生懸命やる自慢の子どもです」

このように言葉で示したほうが、子どもは勇気づけられる。自分のことをきちんと見てくれているママの言うことは素直に聞き入れ、自分が持っているものを、ためらうことなく表に出すようになるはずだ。

わが家の場合、他人から娘を、「あら、賢そうなお嬢さんね」と言われたような場合、

「勉強も運動もなかなか頑張る子で、私にとっては自慢の娘です」

と返し、「かわいいお嬢さんね」と見た目をほめられた場合も、

「ありがとうございます。私の宝物です」

と、シンプルに返すようにしている。

その結果、ママっ子でありパパっ子でもある今の娘になった気がするので、人前で子どもをけなさない、むしろほめる習慣を持っていただきたいと思う。

## 7 子どものウソには、思いを共有してみること

子どもの言動には何らかのメッセージが込められていることがある。たとえば、妙に甘えてくるケースだ。

うちの娘の場合も、(最近、私に妙に擦《す》り寄ってくるな)と感じたときは、学校で友だちと険悪な関係になっていたり、ひそかに狙っていた司会役やリレーの選手などから漏れ、自信を失っていたりするケースが多かった。

そういう意味から、特にママには、子どもの言動を見ながら、どこか変わったところはないか、急に甘えてきたり、乱暴になったり、笑顔が少なくなったりしていないかなど、言葉には出てこない子どもからのメッセージを見極める習慣を持っていただけたらと思っている。

言葉に出てくるメッセージとしては、ウソが代表格だ。

ウソをつくということは悪いことではあるが、単に子どもがウソをついたことを叱るのではなく、その背景には何があるのかを、できるだけ嗅《か》ぎ取ってほしいと思うのだ。

実際、子どもがつくウソにはさまざまな種類がある。少なくとも次の三つに分けることができるだろう。

・自分の失敗や間違いをごまかそうとするウソ
・自分のかなわない願望を事実のように語るウソ
・ママやパパの関心を引こうとするあまりにつくウソ

このうち「失敗をごまかすウソ」は、私自身も幼い頃に経験したウソで、子どもがつくウソの中でも頻度が高い部類に入る。

親が、子どもに「いい子であること」や「頭のいい子であること」などを求めすぎると、子どもはその期待に添えない結果が出た場合、何とかそれを隠そう、ごまかそうとする。ダメな部分を親に見せたくないという意識が働くからだ。

「クラスの子、みんな、逆上がりができなかった」
「満点を取った子は一人もいなくて、みんな僕と同じ五〇点くらいだった」

私も小学生の頃、思わず、こんなウソをついたものだが、それも親の大きな期待を子どもなりに感じ、(逆上がりができない自分では恥ずかしい)(九〇点以上を期待されているのに、六〇点じゃあ見せられない）という思いから出たものだ。

自分の子どもを、こんなふうに追い込まないためには、「何事もすべてうまくいくとは限らない。それはそれでいいんだよ」とか、「また次、頑張れば、今度はきっといい結果が出る」というメッセージをママが伝えてあげることが大切だ。

二つめの「願望をウソで事実のように語る」も、よくあるパターンだ。

クラス全員ができたことを、自分一人ができたと得意気に語ってみたり、実際には選手に選ばれなかったのに、選ばれたと話してみたり、というのはその代表例だ。

この場合、ウソだと判明したとき、ウソをついたことはきちんと叱ったうえで、「そうか、一番になりたかったんだね。じゃあ今度は努力して単独で一番になろう」「選手になりたかったの？　だったらママも協力するから、次は本当になろうね」

このように、ウソを子どもの本音ととらえ、その思いをママも共有してみよう。

三つめの「親の関心を引くウソ」は、「お腹が痛い」というふりをしたり、「ものがなくなった」と騒いだりすることで表すことが多い。

どんな場合でも、淋しさや怖さなど不安感からつくウソが多いので、ママは子どもとの時間をできるだけ多く持つ、しっかり抱きしめるなどして、「ママはいつもそばにいるからね」という姿勢を、明確に子どもに示そう。

# 8 毎日、何か一つ継続的にやらせてみよう

ここまでは、素直な子どもに育てるためのママの接し方について述べてきたが、ここからは、どうすれば、がまんできる子に育てられるのかについて、話を進めていきたい。

その一番の方法は、毎日、何か一つ継続してやらせてみることだ。

勉強面で言えば、子どもに学習習慣が身についていないのに、親が文字どおり「勉めて強いる」ようなことをしてしまうと、子どもにとってみれば、学ぶことが嫌な習慣になってしまうので、それを興味ある習慣、少なくとも抵抗がない習慣にしておく必要があるのだ。

「何をやらせても三日坊主で続かない」

「自発的に勉強させたいのに、遊んでばかりでどうしようもない」

こんな悩みを持つママは多いと思うが、たとえば、このようなことから始めてみてはいかがだろうか。

・毎日、決まった時間に、決まった場所で、五分間だけでも勉強させる（算数のドリル、漢字練習帳など）
・毎日欠かさず、短い文章でいいので日記をつけさせる
・自分の机の周りの整理、夕食後の片づけのお手伝い、プランターなどへの水やり、ペットの世話など、生活の中で簡単にできることを一つ選んで任せてみる

ドリルなど勉強面で言えば、タイムを計ったり、正答率に合わせて、前頭↓小結↓関脇↓大関↓横綱、などと昇進させたり、ゲーム性を持たせると効果的だ。

日記は、いきなり長文を書くのは億劫《おっくう》に感じるので、三行とか五行程度書ければ「ちゃんと書けたね」とほめるところからスタートさせよう。

家庭の中で何か一つというのは、少しの労力で、ただし毎日欠かさずしなければならないことを親子で決め、任せてみるところから始めてみてはどうだろう。

いずれも、お盆であろうが正月であろうが、例外なく繰り返すことが大切だ。

そうすることによって、子どもは、時間が来れば自然にドリルや日記帳を開くようになるし、そうしないと何だか気持ち悪く感じるようになる。体内に習慣としてインプットされるので、整理も水やりも自動的にこなすようになることだろう。

「今日は、気持ちが乗らない。もう寝てしまいたい」というようなときでも、これだけはしておこうという踏ん張りが効くようになるので、簡単なことでも続けさせることが、がまんできる子への第一歩となるのだ。

また、毎日何かを継続させることは、小さな成功体験と失敗体験を繰り返し積ませることにもなる。

ドリルや練習帳を一冊やり遂げたり、日記帳が一冊分、文字で埋まったりすれば、それなりの達成感が芽生える。毎日の水やりによってきれいなビオラが咲けば、自分が育てたという愛着と充足感が湧《わ》いてくる。

子どもにとってみれば、この小さな成功体験が自信につながり、（よし、次はもっと難しいものに挑戦してやろう）という意欲に変わっていくのだ。

一方、「五分でドリルができなかった」「水やりを忘れ植物を枯らしてしまった」といった失敗も、ママが、「じゃあどうすればできるか、考えてみよう」と声をかけ失敗と向き合わせれば、子どもは、「もっと集中して取り組もう」「帰宅したら忘れないうちに水をやろう」といったように、自分で改善策を考えるようになる。

こうした習慣が、簡単には投げ出さない、粘り強くてたくましい精神を作り出すので、毎日、何か一つ確実に続けさせることは、とても大事なことなのだ。

# ９ 子どもの機嫌を取らない、風下に立たない

私の持論は、「子どもが生きていくために必要なさまざまな力は、基本的に親がつける」というものだ。しかしこれは、親がすべて段取りをして、子どもの前にレールを敷くという意味ではない。

私はむしろ、子どもの自立心を育むためには、ママもパパも「子どもの機嫌を取らない」「子どもの風下に立たない」、もしくは「子どもを小さな王様にしない」といった毅然とした姿が不可欠ではないかと考えている。

先に私は、「ア行」や「サ行」で始まる言葉、あるいは「かっこいい」や「かわいい」が子どもを素直にすると述べたが、がまんできる子、ここぞというときに踏ん張りが効く子に育てるためには、親が、ときとして毅然とした態度を見せることも大切なことだと思うのだ。たとえば次のようなケースだ。

◎勉強面

・努力不足で成績が落ちたのに、それを何かのせいにしようとした場合

・「勉強さえしていれば他のことでは文句は言わせない」というような態度を見せた場合
・難しい問題にぶつかるとすぐに投げ出す、自分が立てた目標を安易に放棄するケースが頻発した場合
◎生活面
・何度も注意しているのに、挨拶ができなかったり、公共の乗り物等でのマナーが悪かったりした場合
・「テレビは一日一時間まで」「ゲームは土曜日だけ」「朝は六時に起床する」などと約束したのを破った場合
・遊んだら遊び道具を散らかしっぱなし、お箸《はし》を落としたら落としっぱなし、などの場合

このような場合、ママは毅然とした態度で臨み、どうしてそれが良くないことなのかを教え諭《さと》すことが大事だ。

それでも改善されなければ、子どもがママ以上に煙たいと考えているパパの力を借り、甘やかさないよう厳しくしつけることが大切だ。

ただし、感情に任せて叱ったり、人格や存在を否定するような言い方はＮＧだ。

「いつも途中で投げ出していると、大人になってお仕事をするようになったらどうなると思う？」

「あなたが騒いでいたら、周りで静かにしている人はどう感じるかなあ？」

このように、子どもの想像力を働かせるような聞き方で叱る、周囲の人たちの気持ちを思いやれるように叱る、そして、子どもの目を見ながら、各家庭の判断基準にもとづいて叱るようにしよう。

その場合、過去を蒸し返したり、ネチネチくどくど叱ったりするのは厳禁。手短に叱り、後を引かないような配慮はしておきたい。

中には、ゲームや携帯電話など、欲しいグッズを親が買ってくれないとすねるような場合もあるが、経済的に面倒を見ているのは親だ。

「うちの方針として、そういうものは持たせません」

「そういう高価なものは、自活できるようになってから、自分のお金で買いなさい」

そんなときは、こんなふうに、子どもの機嫌を取ろうとせず、はっきりと家庭の方針を伝えよう。

# 10 子どもがやるべきことに手を貸さない

首都圏屈指の難関中学に子どもを合格させた家庭を訪問取材していると、「子どもが自分でやるべきことは、自分でさせていた」という家庭が多いことに気づく。

確かに、子どもの学習机を片づけたり、上履きを洗ったり、翌日、学校や塾へ持っていくランドセルやカバンの中身を整えたりと、子どもでもできる作業は多い。皆さんの中には、その大半をママ自身が手伝っている家庭もあると思うが、ママがほとんど準備してしまうと、子どもは、(ママがすべてやってくれる)と甘えてしまい、その結果、親のお膳立てがなければ何もできない人間へと成長してしまう危険性がある。

そうならないためには、ママが必要以上に先回りして子どもを手伝わないこと、子どもがやるべきことや子どもでも十分できそうなことには一切手を貸さないことが重要だ。

・机の片づけ＝ママが一度か二度、片づけ方を教え、あとは子どもが何かをする

際取り出しやすいように、そして、どこに何がしまってあるかを把握できるように子ども自身に工夫させ、整理整頓させる

・上履きや体操着を洗う＝水や洗剤の量を調節しながら、どういうふうに洗えばいいかを本人に学習させる

・カバンの中身を揃える＝明日、何を勉強するのかを子ども自身に認識させる。校外学習や遠足で持参するカバンの中身も、何を持って行けば役立ち、何を入れれば無駄で重いだけに終わるのかを学ばせる

先ほどの例で言えば、このようになるが、突き放すところは突き放す、任せるところは任せることで、子どもは自分の頭で考え、行動するようになる。

片づけは面倒な作業だし、上履きを洗ったり、カバンの中身を詰めたりすることも、子どもからすると億劫な作業かもしれないが、これらを子ども自身にやらせることで、自分の目の前にある問題から逃げない気持ちが育つ。このことが、（これは自分に与えられた仕事。投げ出したり、後回しにしたり、誰かを頼ったりすることはできない。自分でやるしかない）

といった精神的な強さやがまん強さを養うことにもなるのである。

しかしながら、親が子どもに代わって何かをするということは、実生活の中で案外多いのではないだろうか。

私は、ファミリーレストランや回転寿司チェーン店で、しばしばママやパパが、小学生とおぼしき子どもの食べるものを注文するという光景を目にする。

「パパ、海老《えび》とマグロ」

「海老とマグロ？　一皿ずつでいいんだね？　すみません、海老とマグロ一皿ずつわさび抜きで下さい」

こんな具合である。

また、デパートや文化ホールなどに行くと、子どもに代わって、ママが係員に、「トイレはどちらでしょうか？」などと聞いている光景もよく目にする。

幼い園児ならいざしらず、小学生にもなってこの状態は好ましいことではない。

親のサポートが至れり尽くせりであればあるほど、子どもの自立心が育たないので、これからの激動の社会を生き抜いていく力をつけるためにも、自分のことは自分でやるというごく当たり前のことを、子どもの身近にいるママがきちんと子どもに植えつけておいてほしいと思うのである。

# 11 約束やルールは、しっかり守らせよう

がまんできる子に育てるには、子どもに約束やルールを守らせることも大変重要な要素になる。

前述したように、子どもは、「食べたい」「寝たい」「遊びたい」など、気持ちのおもむくままに行動したがる〝生き物〟だ。

（試合に負けて悔しい。今度はちゃんと練習して良い結果を出そう）

（テストの成績が下がってしまった。次は勉強して良い成績を取るぞ）

試合に負けた当日や成績が下がりショックを受けた瞬間は、このように考えていても、何日か経つと、その決意は揺らぎ、ついなまけ心が出てしまうものだ。

これは、子どもの特性なので仕方がない。叱ったところでなかなか直らないものなので、ママやパパと約束ごとをすることやルールを決めることによって解消したいところだ。

「テレビは、どんなに見ても二時間までにする」

「毎日少しでも算数の勉強をする」

「勉強やピアノをきちんとやらない限り、ゲームで遊ばない」

家庭ごとに親子の約束はさまざまだと思うが、中身はさておき、約束を交わす際は子ども自身に決めさせることと、最初からハードルを上げすぎないことの二つを重要視しよう。

子どもに決めさせるのは、自分で決めたことに責任を持たせるためだ。最初からハードルを上げすぎないようにするのは、守れない約束をして、それを破ることが日常化するより、守りやすい約束にして確実に履行させるという習慣をつけるためだ。

がまんというのは、「親が言うもんだから、しぶしぶがまんする」とか、「現実がこうなんだから、あきらめてがまんする」というような代物ではない。

「○○をするために、△△したいところだけど、がまんする」

「○○するのが夢なので、それに向けて、今は遊びをがまんし、△△を優先する」

といった形が理想なのだ。

そのためには、約束やルールは子ども主導で決め、確実に達成できそうなところから始めてみるのがいいだろう。

とはいえ、どんな約束事やルールであっても、守り続けることは難しい。

なるものだ。

「毎日、漢字練習をする」などと約束していても、外遊びで疲れた日はさぼりたくなるものだ。

「夜九時台には寝る」というルールを決めていても、見たいテレビ番組を見てしまったことで十時、十一時になることだってあるだろう。

自分で決めた約束やルールを破ってしまったときは、きちんと叱り、「約束やルールは守るもの」「そのためにはがまんも必要」ということを叩き込んでおこう。

取材してみるとわかるが、難関とされる大学や高校、あるいは中学に合格できた子どもたちには、疲れたときでも眠い目をこすって机に向かってきた日々がある。

また、オリンピックに出場するようなアスリートには、毎日、厳しい練習を繰り返してきた歴史があり、高校野球で甲子園を沸かせるような選手には、誰よりも多くバットを振り込んできた歳月が必ず存在するのである。

いずれも、成功できたのは、「遊びたい」「眠りたい」といった気持ちを、がまんすることによってコントロールしてきた結果なのだ。

また、約束やルールを守ることは、このところ希薄化していると言われる社会規範を身につけさせることにもつながる。

昨今、「小一プロブレム」などと呼ばれ、学校の規律を守れず、授業中に立ち歩きをしたり、朝礼などで騒いでしまう子どもの問題が指摘されている。

この背景には、一人っ子が増え、甘やかされて育った子どもが増えたこと、ゲームやインターネットの普及で、公園で近所の子どもたちと遊ぶより家庭内で一人で遊ぶ子どもが増えたことなどが挙げられる。

子どもが自分のルールのみによって暮らす姿は、残念ながら、少子化とデジタル社会化が進めば、さらに定着していくことになるだろう。

かといって、集団生活の中で規範やルールをきちんと学ぶ機会が減った子どもをそのまま放置しておけば、電車の中で他の乗客の迷惑も顧みず足を組んだり、たくさんの人が並んでいる列に割り込んだり、あるいは、ゴミやタバコを平気で路上にポイ捨てしたりするような大人を、社会に蔓延《まんえん》させてしまうことになる。

子どもが複数の人間との間でもまれながら成長するという機会が減ってしまった今だからこそ、家庭という最小単位の集団の中で約束やルールを決め、それをしっかり守らせるという習慣を、子どものうちからつけておきたいものだ。

## 12 努力した先に成功があることを教えよう

これまで述べてきたように、子どもをがまんできる子に育てるには、いくつか大きなポイントがある。

・ママは子どもに、毎日、何か一つでも継続してやらせる
・ママは子どもの機嫌を取らない
・ママは子どもがやるべきこと、十分できることに手を貸さない
・ママ（パパも含めて）と子どもで約束事やルールを決め、それを守らせる

といったものだ。他にも「必要以上に子どもの先回りをしない」「すべてが自分の思いどおりになるわけではないことを教える」「社会の規範をしっかり守らせる」などが挙げられるだろう。

これにもう一つ加えたいのが、努力した先に成功があるということを、子どもの心のヒダに刻み込んでおくということである。

首都圏の有名中学合格者の家庭をのぞいてみると、「毎日コツコツ」の大切さを教えてきた家庭が数多く見受けられる。

・「『継続は力なり』を、身をもって体験してほしかったので、毎日決まった時間、勉強させるようにしていました」（駒場東邦中など合格者の保護者）

・「日々の努力が大事と考え、正月でも勉強はさせました。その分、親も、『今日は疲れたからやーめた』が言えなくなりました」（早稲田中など合格者の保護者）

これらはいずれも受験対策としての「毎日コツコツ」であるが、努力した先に成功があることを体感させることは、子どもの今後の人生に大きなプラスになる。

トップアスリートでも、メジャーリーグで活躍しているイチロー選手には、小学二年生のとき、「僕、野球がしたいんだ」と宣言して以降、父親の宣之《のぶゆき》さんと毎日欠かさず、野球の練習に打ち込んできた積み重ねがある。

バンクーバー五輪女子フィギュアスケートで金メダルを獲得した韓国のキム・ヨナ選手にも、体重を維持するため一切間食をせず、努力を重ねてきた歳月がある。

どんな分野でも、「努力なくして成功なし」なので、そのことをママが子どもにジワジワと植えつけておくことが大切なのだ。

最初は短いスパンで構わない。

「来月のテストまで一ヵ月、毎日、ママとお勉強してみようか?」

「二ヵ月後の発表会では、課題曲が上手に弾けるように毎日やってみようよ」

こんなふうに、一ヵ月、二ヵ月単位でいいので、「毎日コツコツ」を習慣づけよう。

結果がついてくれれば、子どもは、努力した先に成功があることを実感する。仮に思ったほど成果がでなくても、それまで努力したことをほめ、「ママが満点をあげる」とか、「この一ヵ月の頑張りは金賞に値するね」などと評価すればいい。

このほか、ママ自身が何かに向かって努力する姿を見せるというのも効果がある。

子どもに「毎日コツコツやりなさい」と言うだけでは、(うざい)と思われてしまいになる可能性もあるので、親が範を示すのだ。

ダイエットをしようとジョギングを始めたなら、毎日、ちゃんと走ることだ。資格取得の勉強を始めたなら、調子が出ない日でもやってみることである。

もし、(今、自分にはコツコツやるべきものがない)というママなら、過去の体験談でもいい。

「ママは昔、毎日コツコツ○○をした結果、こんな良いことがあった」

などと話して聞かせれば、子どもはその言葉に耳を傾けるはずだ。

第2章

# いきいきとした子どもに育てるママの習慣

# 13 朝夕のご飯は、しっかり食べさせる

文部科学省が実施した「体力・運動能力調査」(=「新体力テスト」)で、小学生と中学生ともに上位に入った福井県や秋田県は、朝ご飯を毎日食べている子どもの割合が高い地域だ。

この両県は、文部科学省が実施してきた「全国学力・学習状況調査」(=「全国学力テスト」)でもトップレベルで、規則正しい生活習慣の効果が、体力と学力の両面で表れた形となった。

このうち、学力で言えば、朝ご飯を「毎日食べている」と答えた子どもと「全く食べていない」と答えた子どもの差は想像以上に大きい。

**◆文部科学省「全国学力・学習状況調査」**(二〇〇七年度より抜粋)

◎小学六年生の正答率

・毎日食べている子……国語A=八二・八%　算数A=八三・七%

国語B=六四・〇%　算数B=六五・〇%

・全く食べていない子……国語A＝六八・九％　算数A＝六六・三％
国語B＝四四・〇％　算数B＝四七・一％

国語や算数のAとは、主に「知識」を問う基礎的な問題で、一方のBとは、「活用」に関する問題（＝応用問題）である。

数値を見ればわかるように、朝ご飯を「毎日食べている」子どもと「全く食べていない」子どもの正答率の差は、一五％近くもある。しかも基礎的な問題よりも応用問題になると、その差がさらに開くことがわかるはずだ。

東大に多くの合格者を出すことで知られる筑波大学附属駒場中の教諭時代から、朝ご飯の大切さを訴えてきた東海大学の小澤治夫教授は、

「朝ご飯を食べない子どもたちの体温は低く、冬眠中のクマのような状態になっています。低体温状態では体が起きてこないのです」

と指摘し、朝食をしっかり摂ることが、頭と体を目覚めさせることにつながると述べている。

小澤教授の言葉を借りれば、授業中に寝る子ども、何となく気分がすぐれず、学校に行くことが嫌な子どもが増えた原因は、朝食の欠食率の増加にあるというの

だ。

逆を言えば、子どもを頭のいい子、体が動き活発な子にするには、朝食を摂るということが必須条件ということになる。

そのためには、ママが朝ご飯を食べさせるということはもちろん、パパも含めて、親が朝食を抜くということを習慣化させてはいけないのだ。

では、夕食はどうだろうか。

**◆一食あたりの摂取食品数と学力テスト偏差値の相関図**（一九八九年、当時の東京都中野区立第六中学校の廣瀬正義教頭調べ）

◎摂取食品数

・三・九品以下……………偏差値　四八・九
・四～五・九品……………偏差値　五一・四
・六～七・九品……………偏差値　五三・九
・八～九・九品……………偏差値　五五・四
・一〇～一一・九品………偏差値　五六・七
・一二品以上………………偏差値　六一・二

この調査はかなり以前のもので、しかも対象は中学生ではあるが、一食あたり多くの種類の食品を摂取している子どものほうが成績はいいことがわかる。言い換えれば、いい加減な食生活を送っている子どもは学力が伸びず、多くの食材をバランスよく摂っている子どもは成績がアップするということである。

何も贅沢《ぜいたく》におかずを用意しろと申し上げているのではなく、おかずの種類は少なくても、その中に肉や魚、野菜や海藻といった食材の品目を増やすことが、子どもに活力を与え、それが学力アップにつながるということなのだ。

「今日は忙しくて夕食作りに時間をかけることができなかった」

さまざまな家事に追われるママからすれば、このような日もあるとは思うが、そういう場合でも、せめて具がたくさん入った味噌汁《みそしる》くらいは飲ませておこう。

塾や習い事があるからと、コンビニエンスストアでおにぎりやパンを買い与えるだけの毎日が習慣化すれば、子どもは体力が落ち、頭も冴《さ》えず、どこか眠くて、何となくだるさを感じるようになる。

朝ご飯もそうだが、夕食もしっかり食べさせれば、気力がアップし、体力も学力も上がるので、ママは特に子どもの食生活には気をつけたいところだ。

# 14 高学年になるまでは、夜九時には寝かせよう

わが国は、他の先進諸国に比べ、突出した不眠大国と言われる。厚生労働省の調べによれば、中学生や高校生の約三割が、平均睡眠時間が六時間に満たず、三歳児の半分が、午後十時以降に就寝している調査結果が明らかになっている。

ママやパパの認識からすれば、「『遅寝・遅起き』よりも『早寝・早起き』のほうがベター」という程度かもしれないが、社会全体が夜型化する中、子どもまで親につられて夜更かしが続けば、体力や気力だけでなく、学力まで低下してしまうことになるから要注意だ。

かつて広島県教育委員会が小学五年生を対象に行った「子どもの睡眠時間と学力テストに関する調査」では、七〜九時間程度の睡眠時間が確保できている子どもが、国語も算数も平均点がもっとも高いという事実が明らかになった。

また、先に紹介した文部科学省の全国学力テストの調査結果でも、八時間以上、九時間未満の睡眠をとっている子どもの正答率がもっとも高いことがわかっている。

これらの調査からわかることは、子どもの学力を伸ばすには、やはり適度な睡眠時間が必要で、少なすぎてはダメ、かといって、長すぎてもダメだということだ。

理想を言えば、小学四年生までなら午後九時に、高学年でも十時には寝かせることが、八時間前後の睡眠時間を確保する目安ということになる。

とはいえ、早く寝る習慣はすぐに身につくものではない。

これはわが家の悩みだが、私の娘は小学校低学年の頃から夜の十時、十一時まで平気で起きている子である。

幸い、ゲームをしたりテレビを見たりして夜更かししているわけではなく、親といろいろな話をしたり、本を読んだりするために起きているので黙認してきたが、この先もこんな調子でいいのかと妻とともに心配しているのが現状だ。

そこで、私は娘に、

「ママやパパが何をどうすれば、早く寝ようと思う？」

と、ストレートに質問をぶつけてみることにした。すると彼女からは、

「明日の朝、楽しいことがあれば早く寝ると思うよ」

「どうして早く寝ないといけないのかが理解できれば寝ると思うよ」

「楽しいことも、理解させる手段もないんだったら、ママやパパも早く寝るか、ル

ールを決めればいいんだよ」

といった答えが返ってきた。

（偉そうに、よく言うよ……）と閉口しながらも、私はこの中に真実が込められているように感じたものだ。

確かに、翌日、東京ディズニーランドへ行くとか、家族でどこかへ出かけるとなると、子どもはそのために早く寝るはずだ。また、早く寝ないと、翌日、リレーで速く走れないといった説得材料があれば、早めにふとんに入るかもしれない。

ただ、平日は翌朝、普通に学校に行くので、楽しいイベントなどない。この場合、朝ご飯に好物のものを用意し、「寝坊すると食べられないよ」と伝えるとか、「朝六時には起きないと、昼間眠くなって、学校でお友だちと楽しく遊べないよ」などと語って聞かせてみればいいだろう。

これでも効果がない場合は、子どもの早寝が定着するまで家族全体で朝型生活に切り替えるとか、ルールを作ることをおすすめしたい。

ここで大切なのは、もし「子どもは九時には寝る」というルールを作ったとして、その作ったルールを、「閉店までデパートで買い物をしたかったから」とか「外で夜遅くまで遊んでいたかったから」といった親側の都合で反古《ほご》にしないことだ。

親がルールを簡単に反古にすれば、子どもも決め事を軽視するようになるので、決めたら親もしっかり守らせるように生活することを習慣化しよう。

## 15 十歳までは外遊びを、十歳からはスポーツをやらせよう

いきいきした子どもに育てるには、体を動かして遊ぶという行為が欠かせない。子どもは、屋外での遊びを通じて、手触りや匂いなど五感を磨き、季節感を養い、危険を察知したり、加減を覚えるようになるからだ。

また、「○○ごっこ」といった遊びを通して、想像力や発想力を豊かにし、○○になりきるという表現力も身につけることができるからである。

もちろん、体力を養うという点でも外遊びの効果は大きい。次の調査結果を見ていただきたい。

**◆文部科学省「平成20年度体力・運動能力調査」**（小学五年生の男子の数値で一九八五年と二〇〇九年を比較）

・五〇メートル走……………八五年＝九・〇五秒　〇九年＝九・三九秒
・ソフトボール投げ………八五年＝二九・九四メートル　〇九年＝二五・三九メートル
・握力……………………八五年＝一八・三五キロ　〇九年＝一七・〇一キロ

数値を見れば、近年の子どもの体力の低下がはっきりわかるが、加えて現在は、まっすぐ走れない子どもや飛んできたボールをよけられない子どもが増えていることも問題視されている。

基礎体力がなければ、ここぞというときに踏ん張りが効かず、どんなに頭がよくても、それを十分に伸ばすことが難しくなる。

また、ボールをよけることができないようでは、危険を察知し回避することすらできなくなる。

さらに問題なのは、体を動かして汗をかく習慣がないと汗腺《かんせん》機能が衰えてしまうという点だ。

汗腺機能が衰えれば、生命体にとって大切な体温調節機能の低下につながると指摘する医療関係者も数多くいるのだ。

こういう点からみて、私は、子どもが小学校の中学年あたりまでは、ママが、他の習い事以上に、体全身を動かす外遊びを奨励してほしいと思っている。

たとえば、缶けりだ。缶けりには、走る、曲がる、止まる、しゃがむといった動作に加え、タテヨコの動きが交じる。

鬼ごっこやかくれんぼも、さまざまな動きが含まれた遊びで、私もたまに娘とやってみると、結構、体力を使うことがわかる。

先の項で早寝について述べたが、適度な外遊びは、子どもに心地よい疲れをもたらすので、自然と早く寝るようになるというメリットもある。

パパが休みの日には、家族でアウトドア体験もいい。

大自然と向き合いながら、たきぎを集める、火を熾《おこ》す、テントを張るといった作業は、体力と工夫を必要とするので、子どもの体と頭を楽しみながら鍛える絶好のチャンスになることだろう。

小学校も高学年ともなれば、野球、サッカー、バスケットボールなど、本格的にスポーツに取り組ませてみよう。

今の子どもたちは競争慣れしていない。

それは、少子化で一人っ子が増え、兄弟姉妹で競う機会が減ったことや、一部の公立小で、運動会の徒競走で差がつかないよう、全員一緒にゴールさせたりするようになったことに原因があるように思う。

その点、スポーツはいい。体力増進はもとより、「勝ちたい」という気持ち、「負けたくない」というマインドを芽生えさせてくれるものだ。

これらは、子どもを伸ばすうえで大きな推進力になる。また、高いモチベーションを維持し集中力を発揮する源にもなる。

努力して結果に結びつけられれば、何よりの自信になるし、もし、思ったほどの結果が出なくても、（次こそ）という向上心につなげやすいからだ。

私も過度な競争意識はどうかとは思うが、ある程度の競争意識は、子どもの生きる力を伸ばす起爆剤になると思うのだ。

子どもには、何かスポーツに取り組ませ、勝った喜びや負けた悔しさをどんどん味わわせてみてはいかがだろうか。

# 16 学校や近所では、年上の子と遊ばせよう

二〇一〇年、オランダ・ハーグで開かれた世界ジュニアフィギュアスケート選手権で見事に優勝を飾った村上佳菜子選手。子どもの頃から四歳年上の浅田真央選手と同じリンクで練習を重ね、才能が開花した選手である。

村上選手が「二〇一四年ソチ冬季五輪の星」などと呼ばれるようになったのは、浅田選手を姉のように慕い、その背中を追いかけながら、負けまいと研鑽《けんさん》を積んできた成果だ。

同じように、女子レスリングの伊調馨《いちょうかおり》選手は三つ年上の姉、千春選手と練習をすることで強くなったアスリートであり、メジャーリーグで活躍する岩村明憲《いわむらあきのり》選手やメジャー経験がある井口資仁《いぐちただひと》選手も、兄が野球をしていたことで自身もうまくなったプロ野球選手である。

つまり、年上の人間と接することは、子どもを成長させるうえで大きなプラスになるということだ。

しかし、実際は、少子化が一段と進み、兄弟姉妹で遊ぶという光景が少なくなっ

た。また、塾をはじめとする習い事やゲームなど家庭内での遊びに軸足が置かれているため、近所の公園でいろんな年齢層の子どもが一緒になって遊ぶという風景も見かけなくなった。

これは、子どもの好奇心や負けん気を引き出すうえで大きなマイナス要因になっているように私には思えてならないのだ。

子どもの大きな特徴は、ママやパパをはじめ、自分より年上の人たちの行動をまねようとするところにある。

さらに言えば、ちょっと難しめのもの、やや高度なものに挑戦したがるという面も併せ持っている。

何もスポーツに限らず、年上の子どもと一緒に遊ばせたり、習い事の場で学ばせたりすることは、まねたがり、挑戦したがる子どもの本能をくすぐることになるのである。

子どもは、年上の子どもを目標や参考にしながら、知的欲求を高め、成長していくものなので、ママにはできるだけ、わが子が年上の子と一緒に遊んだり学んだりできる環境を作り出してほしいと思うのだ。

・年上の子どもたちがいるスポーツチームに所属させてみる
・上級の生徒や児童が通うピアノ教室に入れてみる
・さまざまな学区から子どもが集まるボーイスカウト等で活動させる
・大人も子どもも交じって遊べるような組織（劇団や発明クラブなど）に所属させてみる
・わが子よりレベルが高い子どもが集まってきそうな塾に入れてみる

いつも近所で、同じ学年の同じ顔ぶれの子どもたちと遊んでいるとか、ママと子どもという限られた世界の中で学ばせているよりも、このような環境に身を置かせたほうが、子どもは刺激を受け、いきいきしてくる可能性が高い。

もちろん、極度に人見知りするような子や年上の子どもと接すると萎縮してしまうような性格の子は、最初、注意が必要かもしれないが、すぐに環境に適応し、年上の子どもの中に優れた部分を発見すれば、

（自分もあのようになりたい）
（あの子についていって、いつかは追い越したい）

というふうに思うようになるはずだ。

## 17 子どもが興味を持ったものは、ひとまずやらせてみよう

プロ転向二年目で賞金王を獲得したゴルフの石川遼選手。史上最年少の賞金王の誕生は、ゴルフファンでなくても注目する快挙となったことは記憶に新しい。

その石川選手は、幼い頃、喘息《ぜんそく》もちで体が弱く、両親が、水泳、野球、サッカー、それに釣りなど、さまざまなスポーツをやらせてきたことで知られる。

それらの中で、遼少年がもっとも嬉々《きき》として取り組み、なかなかやめようとしなかったのがゴルフで、ゴルフボールをクラブの芯に確実に当てる姿を見て、親が適性を感じたのが人気アスリート誕生のきっかけである。

石川選手に限らず、埼玉西武ライオンズに入団した「雄星」こと菊池雄星投手の場合も、体操や水泳、ピアノや習字など、いろいろな種類の習い事をしてきた経験を持っている。

これらトップアスリートを生んだ家庭に共通しているのは、言うまでもなく、幼少の頃から何でもやらせてきたという部分である。いろいろな習い事を経験した結果、本人がもっとも関心を示したのが、それぞれゴルフであり野球だったのだ。

石川選手や雄星投手の場合は、両親がやらせた部分もあるが、子どもの志向性や適性を見抜くために、子どもが「やってみたい」と言い出したものを、ひとまずやらせてみるということは、とても大切なことなのだ。

仮に、どれもきわめるところまでいかなくても、好きなこと、興味を持ったことに打ち込んでいる子どもはいきいきしてくる。

何もかも忘れて没頭するので、ここ一番の集中力が身につくほか、(もっと知りたい)(今より上手になりたい)といった向上心も芽生えさせることができる。

さらに、前述した二人のアスリートを例に言えば、雄星投手の場合、運動系の習い事だけでなく、ピアノや習字といった指先や手首を使う習い事を積み重ねてきたことが、投手としてボールを微妙なコースに投げ分ける原点になっている。

また、石川選手の場合も、数々のスポーツを体験してきたことが、シーズンを通じて戦う強靱《きょうじん》な体力のベースになっている。

つまり、子ども時代にさまざまなことを体験させるのは、けっして無駄なことではなく、将来、何かをする際に必ず役立つことになるのだ。

これは勉強面でも同じだ。

私は毎年、難関とされる有名中学の合格者を取材しているが、ときおり、(この子は実にしっかりしている）と感心させられる子どもに出くわすことがある。

難関とされる中学に合格できたこと自体、ある意味、見事なことだが、それだけでなく、礼儀正しく、石川選手や雄星投手と同様、初対面の大人からの質問に、目を見て、語尾まではっきり発音して答えを返してくる。また、勉強一辺倒ではなく、地域の野球チームやサッカーチームに所属したり、自治体のボランティア活動にいそしんだりと、直接的には学力アップに結びつかない習い事や行事に参加してきた子どもたちがほとんどである。

「何でもはきはきと答えてくれるお子さんですね？」

子どもの親に、私がこのように水を向けると、

「いろいろな習い事を通じて、親以外の大人と接し、もまれてきたのが良かったのかもしれません」

「クラブチームの中で人間関係を学んだり、社会的弱者と呼ばれる方たちとの触れ合いによって、世の中について考えるようになり、少しは成長したのでしょう」

といった答えが返ってくるのだが、まさにそのとおりで、さまざまな経験、多くの場数を踏んだ子どもは、そうでない子どもと比べ、しっかり度合いが違ってくるのだ。

わが家の場合も、娘が「やってみたい」と言い出したものは、ピアノ、絵画、発明クラブ、ミュージカル、それにハングル語講座にいたるまで、できる限りやらせてきた。そして、「よくこんなこと発想できたね」とか「発音が上手だね、センスあるよ」などと、その都度、評価してきた。

小学生時代のこうした体験が、今後どんなふうに彼女の学力や人間形成に寄与してくれるかはわからないが、少なくとも、親の目から見て、成績が上位で安定し、表現力や創造力が同年代の子に比べて豊かになったこと、そして、いろいろ試してみた中で、彼女の興味が、英会話やハングル語といった語学に一本化されつつあることなどを思えば、やらせた甲斐はあったと実感しているところである。

この数年、景気の低迷で、「あれもこれも」の時代から「あれかこれか」の選択の時代に入ったと言われている。

わが家もそうだが、景気が好転せず、子どもに多くのお金を割けない世帯も増えているとは思うが、子どもがやりたいと言い出したものは、極力やらせてみていただきたい。

「多芸をこなせる者は一芸に秀《ひい》でる。一芸に秀でる者は多芸を経験してきた人間」

これまでの取材経験から、私はそう確信している。

18

# ママも一緒に「入学」「入門」する気持ちで！

子どもをいきいきさせるには、そばにいるママが子どもと一緒に入学したり入門したりする気持ちを持つことが大切だ。

つまり、子どもには大人として接するだけでなく、子どもと一緒に学校に入学する、あるいは、習い事の教室に入門する気持ちで接しようということだ。

その際、子どもなら誰もが持っている次の五つの特性を利用すれば、子どもは前向きでいきいきした子になり、自学自習の習慣が早期に身についてくるので試してみてほしい。

・一緒にやりたがる
・まねをしたがる
・認めてもらいたがる
・競争したがる
・ちょっと難しそうなことをやりたがる

私は、子どもの特性を五つの「たがる」で分けたが、実はこの「たがる」が大切なのだ。この部分を刺激すれば、子どもは嬉々として取り組むようになるからだ。

まず、「一緒にやりたがる」だ。

算数の計算問題で言えば、ママが子どもの学年になったつもりで一緒に解いてみるのだ。

「じゃあ、ママと一緒にやってみようよ。どれどれ、ママに解けるかな……」

こんなノリでいい。子ども一人では何となくやる気が出なかったことが、ママと一緒なら、(ちょっとだけでもやってみるかな) という気持ちに変わる可能性が大きい。

次は「まねをしたがる」である。

国語の教科書や本の音読で言えば、「もっと感情を込めて読みなさい」などと指導するだけでは、子どもは何をどうしていいのかわからないので、ママがやってみせるのだ。

たとえば、一段落ずつママと子どもで交代しながら読むとか、ママが先に、物語の展開や登場人物の気持ちを声色で表現しながら読む、あるいは、登場人物の役割を決めて、じいさん＝子ども、ばあさん＝ママというふうに割り振って読めば、子どもにとって手本ができ、自然にママの読み方をまねるようになることだろう。

また、ただ文章の最初から最後まで通して読むだけでは面白くないので、その場合、「一回でもつかえるとアウト」というルールを作るとか、ミュージカルのように即興のメロディに乗せて読むなどすれば、子どもは音読が好きになっていくはずだ。

三つめの「認めてもらいたがる」は、うまくできた点をほめてやることに尽きる。

お稽古事が長続きせず、三回通っただけで「行くのが嫌」と言い始めた場合、「ピアノ、三回通っただけで、もうやめちゃうの？」

このように詰問するのではなく、

「三回、ちゃんと通えたね。もう一回行けば四回通えたことになるよ」

と、これまでできたことをほめ、ママも一緒に通う生徒の気持ちになって、「ママと一緒に四回目に行かない？」と誘ってみよう。

他にも「前よりメロディがきれいに聞こえるわ」とか「前回よりはるかに上手になったわよ」と、進歩したことに感動すれば、子どもに自信がつき、ママをもっとびっくりさせようと努力するようになる。

四つめの「競争したがる」は、ママと子どもとの競争を意味する。

年齢が近い兄弟姉妹がいる家庭なら、子ども同士でも構わないが、多くの場合、下の子が負けてしまうので、できれば手加減することを知っているママと子どもとで競ってみるのがベターだ。

先に私は、算数の計算などはゲーム性を持たせれば子どもは面白がってやるようになると述べたが、単に自分との闘いではなく、ママとタイムや得点を競うようにすれば、もっといきいきと取り組むようになるだろう。

最後の「ちょっと難しそうなこと」も、子どものチャレンジ精神に火をつけ、燃える気持ちにさせる原動力になる。

うちの娘は、小学校在学中に英検三級と準二級を立て続けに取得したが、これはママが、娘が四級に受かった時点で、「三級はちょっとだけ難しいけど、どうする?」と煽《あお》ってきた成果だ。

かなり難しいと思えば、誰しも最初からあきらめてしまうが、手の届きそうな範囲にあるものなら飛びつこうとする衝動が子ども心にはあるので、娘の場合、ママの策にまんまと乗せられて、準二級まで取ってしまったのだ。

「ほんの少しだけ難しいけど、どうする？　もしできたらすごいことだけど……」

などと焚きつけてみれば、子どもは（よし、やってみよう）という気持ちになる可能性が高いので、少しだけ高いレベルを示して、それに飛びつかせてみよう。

# 19 学校や家庭以外の空気に触れさせよう

言うまでもなく、子どもが多くの時間を過ごす場所は学校と家庭になる。

近頃では、低学年から塾や習い事に通う子どもも増え、家庭―学校―塾（もしくは習い事）―家庭という動線で生活している子どものほうが一般的かもしれない。

しかし、これらはいずれにしても、ごく限られた世界での生活でしかない。会う大人は先生か両親、付き合う子どもも学校や塾のメンバーと、固定された顔ぶればかりだ。

私は、子どもを、自主性に富んだ活力ある子、そして、社会に目を向け、世の中の出来事などについて自分の頭で考え表現できる子に育てていくためには、固定された顔ぶれ以外の人間が集まる集団に身を置かせることも重要なのではないかと考えている。

つまり、学校や家庭以外の空気に触れさせるということだ。少し気になる調査結果を見ていただこう。

**◆内閣府「低年齢少年の生活と意識に関する調査」**（二〇〇七年三月発表から抜粋）

◎小学生の地域活動への参加経験（複数回答）

・子ども会や町内会などが開いた運動会やクリスマス会……六四・二％
・募金……………………………………………………………二七・〇％
・公園や道路などの掃除、自治体の避難訓練など…………二七・七％
・児童館や公民館などが開いた講座や教室…………………一五・二％

これを見れば、運動会やクリスマス会への参加率は高いが、他の地域活動への参加率は低いことがわかる。特に都市部では、地域の結びつきが年々希薄になってきているので、近所の人たちと力を合わせて何かをするといった機会は、この先も年ごとに減少していくことだろう。

かといって、子どもと地域とのつながりを希薄化させてしまうと社会性が育たなくなる。住んでいる地域の風習や文化がわからず、愛着も持てなくなる。

生活パターンが固定化されると、子どもの気持ちがマンネリ化し、いきいき度も失われてくるので、適度な刺激を与えるという意味でも、地域活動にはどんどん参加させてみよう。

たとえば、住んでいる自治会のイベントなどへ行くと、「ゴミ出しのルールを守らない人がいる」とか、「市町村の合併後、行政の対応が良くない」とか、「不況で商店街からの協賛金が集まらず、夏祭りの予算が乏しい」など、雑多な地域情報が得られる。

そうしたところに子どもを同伴させることで、子どもは、ママやパパ以外の大人から、社会の仕組みやルールを学ぶことができるようになるはずだ。

もう一つは、地域活動だけでなく、いろいろな場所へ子どもを連れ出すことだ。

**◆Benesse教育研究開発センター「第一回子ども生活実態基本調査」(二〇〇四年調査)**

◎経験の多さと将来性の関係

〈経験が多めの小学生〉
成績上位……………………………三五・五%
新聞記事をよく(ときどき)読む……四八・九%
なりたい職業がある…………………七〇・〇%

〈経験が少なめの小学生〉
成績上位……………………………二四・三%
新聞記事をよく(ときどき)読む……三〇・六%

なりたい職業がある………………五六・七％

この調査は、「博物館や美術館に行く」や「親の職場を見る」など、経験が豊富な子どもたちと、そうでない子どもたちに分けたものだ。

数値を見れば明らかなように、親子でいろいろな経験をした子どものほうが、成績が良いばかりか、社会や将来への関心度合いも高いことがわかる。

わが家も、ママが主導する形で、娘には、自治体が主催する農業体験やアウトドア体験といった単発のものから、近所のいくつかの公立小から子どもたちが集まるミニバスケットボールチームへの入団だの、韓国・ソウルで一ヵ月におよぶサマーキャンプだの、実にさまざまなことを経験させてきた。

これらの経験によって、見違えるように精神的に強くなり、普段の立ち居振る舞いもいきいきとしてきたので、この数値はきわめて的を射ていると思っている。

実際、感性がみずみずしいうちに、いろいろな場数を踏ませ、刺激を与えることは、子どもを心身ともにブラッシュアップさせることにつながるので、皆さんも子どもを学校と家庭以外の場所にどんどん連れ出し、いろいろな刺激を与えることを習慣化させてみてはどうだろう。

# 20 「カネはなくても楽しいわが家」を演出しよう

子どもをいきいきさせるママの役回りとして、家庭の雰囲気を明るく演出することがある。

こうして文字にすると、(じゃあパパは家庭のムード作りにひと役買わなくていいの?)と思われるかもしれないが、パパはもちろん、ママの役割はそれだけ重要だと申し上げたいのだ。

「パパのボーナスが減っちゃったから、うちはもう贅沢できないのよ」

「もうちょっと出世してくれたら、子どもにもいろいろしてあげられるのに」

今の世の中、愚痴をこぼせばキリがない。そこは割り切って、「カネはなくても楽しいわが家」を演出したほうが、見ている子どもも断然いきいきとしてくる。

つまり、ママが家庭の演出家になるのだ。

たとえば、小さな庭先に、近所にあるホームセンターで買ってきたひと鉢一〇〇円のビオラを三つほど植えてみる。

生花なら月に数千円かかるところを三〇〇円でセーブでき、それでいて、家族の心にちょっとした明るさを吹き込む効果がある。

誰かの誕生日でもなければ、何かの記念日でもないのに、スーパーマーケットでデコレーションケーキを買ってきて、食後にさりげなく出すのもサプライズ効果がある。

「えっ？　今日、何の日だっけ？」

当然のように湧き上がる家族の問いには、

「パパも子どもたちもみんな頑張っているから、ご褒美《ほうび》よ」

と返せば、家族全員の表情がパッと明るくなることだろう。五号サイズか六号サイズのケーキであれば、三〇〇〇円程度の出費にはなるが、それで家族の表情が和らぎ、（明日も頑張ろう）という思いになってくれれば安いものではないだろうか。

このほか、季節に合わせ、お風呂をしょうぶ湯やゆず湯にしたり、一ヵ月に一度、宅配ピザを頼んで、ピザパーティにしたり、低予算で家族全員が楽しい気分になれるような仕掛けをしてみるのもいい。

うちの場合、ママが和菓子店で、違う種類のお菓子を家族分買ってきたり、洋菓子店でやはり違う種類のショートケーキを人数分買ってくることがある。

違う種類のものを買うのがポイントで、食後に家族でジャンケン大会をし、勝った者から好きな饅頭《まんじゅう》やケーキを取っていくためだ。

形式はいたってシンプルだが、やってみると結構盛り上がる。買ってきた中に、あえて人気のないものを入れておくと、なお盛り上がり、私自身も仕事のストレスを一瞬忘れてしまうほどだ。

こうした仕掛け以外の演出で言えば、何といっても笑顔である。

私が中学受験の取材で多くの家庭を取材してきた経験から言えば、快活な子どものママは、一〇〇%と言っていいほど明るいキャラクターをしている。

その特徴は、まず大きな声で笑うということだ。次に、いつもニコニコしているという点だ。もう一つ挙げるなら、ジェスチュアを交えて笑うという姿だ。

ちょうど、みのもんたさんや明石家さんまさんが、テレビ番組でタレントと会話を交わす際、のけぞるように笑い、ゲストのタレントの気持ちを乗せるように、ママも子どもと明るく接すれば、子どもも快活で、いきいきキャラに育っていく。

試しに今日から大きめの声で笑い、微笑を絶やさず、オーバーアクションで笑ってみよう。

家庭の雰囲気が照度を増したように明るくなる。子どもも乗ってくるし、何よりママやパパ自身が本当に明るい気持ちになれることだろう。

## 21 携帯電話は不要。持たせるならルールを厳格に！

子どもからいきいき度を奪いかねないものの一つにゲーム機器がある。

日本PTA全国協議会が、二〇〇九年三月に発表した「子どもとメディアに関する意識調査」によると、小学五年生の約八割が、「家庭用ゲーム機器」もしくは「ポータブルゲーム機」を所有していることが明らかになった。

わが家でもご多分に洩《も》れず、娘はちゃっかりと「家庭用ゲーム機器」を手に入れ、ごくたまにテレビに接続して興じているが、心配なのは、野放図にゲーム機器と向き合わせることである。

先ほどの調査で、「ゲーム機器を利用する際の家族間でのルールの有無」を尋ねたところ、約半分の子どもが「ない」と答えている。

時間制限やゲームの内容を親子間で決めないままに機器を与えてしまうと、夜更かしや目の疲れなどの原因になるばかりか、バーチャルな世界で味わったバイオレンスの部分を、現実の世界に持ち込んでしまう恐れもある。

これでは、子どもが、翌朝、しっかり目覚めることができず、学校でボーっとしてしまうのは当然で、ひどいケースになると、友だちにゲーム内容さながらに攻撃を仕掛けるといったいじめにまで発展してしまう危険性もある。

やはり、与えるなら、「時間は一日三〇分。それも午後九時まで」などと決め、ゲーム内容も、「子どもの年齢に合ったもの」にするのが最低条件になる。

わが家では、ママかパパと一緒でなければゲーム機器の利用は一切禁止している。その内容も、スポーツ系の楽しみながら体力育成にもつながるソフト以外はNGと決めている。そうしなければ、ゲーム機器が「ゲーム危機」を招いてしまうという懸念が消えないからだ。

ゲーム機器以上に厄介なのが携帯電話だ。

最近の子どもに関する事件を見ていると、携帯電話やインターネットが絡むことが増えている。

特に、持ち運びが容易な携帯電話は、「匿名性」と「速報性」を兼ね備え、いつでも瞬時に、第三者とつながることが可能なものだ。

電話やメール機能だけでなく、インターネットやゲーム機能まで有しているため、便利といえば便利だが、使用方法を誤ると、子どもからいきいき度を奪い、いじめや犯罪にまでつながってしまうリスクも伴う可能性がある。

文部科学省では、二〇〇九年一月に、子どもの携帯電話所持について、「小中学校への持ち込みは原則禁止」などとする方針を打ち出したが、この年の同省の調べで、携帯電話の所有率が小学六年生で二四・七％に達し、一日三〇件以上、メールをしている小学六年生が七・一％もいる現状を思えば、ゲーム機器以上に家族間で厳格なルールを作っておくべきだと思うのだ。

**◆日本PTA全国協議会「子どもとメディアに関する意識調査」**（二〇〇九年発表、複数回答）

◎携帯電話やPHSを利用する際のルール（小学五年生対象）

・利用時間について……ルールあり＝一一・九％　ルールなし＝八四・三％
・利用時間帯について……ルールあり＝二六・〇％　ルールなし＝七〇・四％
・利用内容について……ルールあり＝四七・四％　ルールなし＝四七・四％
・利用方法やマナー……ルールあり＝四六・九％　ルールなし＝四九・五％

これを見れば、利用時間（＝長さ）や時間帯（＝「夜九時まで」など）に関して、大半の子どもが親とルールを決めていないと答えていることがわかる。

また、有害サイトへのアクセスにつながる恐れがある利用内容や、他人に迷惑を及ぼす可能性もあるマナーについても、「ルールがない」と答えた子どもの割合が半数近くに上っている。

最近では、親が子どもに携帯電話を買い与える際、有害サイトへのアクセスを制限するフィルタリングサービスを利用するケースが増えてはいるものの、それはあくまでも携帯サイト対策にすぎない。

何時間も携帯メールをしたり、第三者から、「死ね」「うざい」「消えろ」といった文字を送りつけられたりすることを防ぐ手だては、買い与える際に親と子どもとでしっかりとしたルールを作っておくこと以外にない。

私は基本的に、「小中学生に携帯電話など不要」という考え方だが、塾や他の習い事に通わせる際の連絡手段として、子どもにどうしても携帯電話を持たせたいというなら、最低限、次のようなルールは作っておいてほしいと思っている。

・携帯電話は家族間だけで使います
・メール機能も家族間だけにします
・ネット機能やゲーム機能は一切使いません

・約束を破ったら取り上げられても文句は言いません

こうしたルールを作って、一切特例は認めず、絶対に守らせることだ。特にママは、子どもがきちんとルールを守っているかどうか、シビアにチェックする姿勢を持っていただけたらと思う。

そうすれば、子どもは一時的に、「友だちは皆、携帯電話を持っているのに……」と反発するかもしれないが、結果的に、子どもを夜更かしから守り、いじめから守ることになるのだ。

では、パソコンはどうだろうか。

パソコンは、言うまでもなく、これからの情報社会を生きる子どもには習熟させたいデジタル機器だが、これも、「家族がいる前で使用します」「夜九時以降はしません」「ゲーム機能は使いません」や、「メールアドレスは家族共有とし、子どもへのメールを親が開けても文句は言いません」など、きちんとした決まりだけは作っておこう。

# 22 子育てに自己実現を求めないようにしよう

今の子育て世代、つまり三十代から四十代の親は、学歴至上主義社会で育ってきた世代だ。偏差値という数値によって序列化され、その高低によって進路を決めざるを得なかった世代である。

それだけに、ともすると、自分の子どもにも、「いい学校へ行かせたい」「そのためには偏差値をアップさせたい」という方向に走りがちな側面がある。

ここに、子どもを追い込んでしまい、いきいき度を失わせ、子どもらしいみずみずしい感性をスポイルしてしまう落とし穴があるように思えるのだ。

特にママは要注意だ。

どんなバックボーンを持ったママでも、母親となり、子どもを幼稚園や保育園、さらには小学校へ通わせるようになると、「○○ちゃんのママ」としか呼ばれなくなる。

そうなると、「学力」という一元的な評価にさらされてきたママは、他の子どもよりも早く漢字が書けるようになるとか、足し算や引き算ができるようになるとか、場合によっては、カタコトでも英語が話せるようになるといった、些細《ささい》なアドバンテージに喜びを見出《みいだ》そうとするようになる。

「〇〇ちゃんは、お利口さんね」

といった第三者からの子どもに対する評価を、あたかも自分への評価だと同一化し、さらに子どもを「学力の高い子にしよう」と頑張ってしまうと、子どもはしだいに子どもらしさを失い、はつらつとした部分がなくなってくるので注意しよう。

子どもはママのことが大好きだ。どの子どもも、「お母さんに好かれたい」と思っているものだ。

と同時に、不安にもかられているものである。

（勉強ができる僕だから好かれているのではないか）

（試験の成績がいい私だから愛されているのではないか）

などと感じてしまうと、（期待を裏切らないようにしよう）（もっと頑張ってもっと愛されるようにしよう）と、子どもなりにプレッシャーを感じるようになる。

私も子どもを持つ親として、「早期教育で学力アップを」と考えるママの気持ちは理解できるが、

「ママは勉強ができるあなたが好き」

「試験の点数が高いあなたがママにとっての誇り」

といった「条件つきの愛」は、たとえ少しであっても、子どもの前で示さないようにしてほしいのだ。むしろ、

「習い事が多くて、つらくない？」

「ママ、〇〇ちゃんにとって、きついこと言ってない？」

「ママは〇〇ちゃんがいてくれるだけで嬉しいよ」

このような語りかけをし、子どもの本音を聞きだしたり、子どもを丸ごと肯定するようにしていただけたらと思う。

「君の速さで歩《ゆ》けばいい」

「あんたはあんたでかまんのよ（＝構わないのよ）」

これらは以前、私が故郷・愛媛に帰省した際、松山市内を走る路面電車で見かけた標語である。

ママが子どもと向き合う際にもヒントになる、いい言葉ではないか。

# 23 はみ出しているのも魅力と考えよう

「この振り子のような打法だけはいじらないでください」

これは、メジャーリーグで活躍するイチロー選手の父親、鈴木宣之さんが、イチロー少年の個性的な打撃フォームを一般的な形へと矯正しようとした中学時代の野球関係者に語った言葉である。

今でこそ、野球界では、イチロー選手の打撃フォームをまねる左打者が増えてきたが、当時の指導者から見れば、あの振り子打法は、定型からはみ出したフォームに見えたのだろう。

しかし、私は、宣之さんの言い分は正しかったと思うのである。それは何も、イチロー選手が打者として大成功したから申し上げているのではない。

人とちょっと違うこと、少しはみ出している部分こそ、その子の個性であり、才能の原石だと感じるからだ。

今、俗に言う「いい子」が抱えるストレスが問題視されている。

型にはまった発想をし、行動をする子が評価され、型破りの考え方をする子、周囲の子とは違う行動を取りたがる子は、評価されないばかりか問題視される時代になった。

もちろん、型破りな考えや行動にも程度というものがあるが、それらを全て否定してしまっては、子どもはのびのびと育たず、ママやパパの前でだけ、「いい子」を装うようになる可能性もあるのだ。

そういう点から考えて、私は、イチロー選手の場合はパパだったが、子どもと接する機会が多いママが、子どもの型破りな部分を認める鷹揚《おうよう》さを持っていただけたらと思う。

・クラスの友だちが、皆、木は茶系、葉は緑系の絵の具で塗っているのに、わが子だけ、木を紫、葉を黄色で塗った場合

・算数のテストを「問1」から解き始めるのに、わが子だけが「問4」→「問3」と逆に解いた場合

・将来なりたい職業について、多くの子どもが「医者」「パイロット」「花屋さん」などと言う中で、わが子だけが「無人島で一人で暮らす」と答えた場合

いずれも、ママから見れば、〈うちの子、少し変〉と感じ、〈他の子どもと同じようにさせないと〉と考えるかもしれないが、この程度のはみ出しであれば、むしろ歓迎すべきことではないかと思うのだ。

私などは、木の幹を紫に塗る子は、人と違う色彩感覚があって面白いと思うし、問題を後ろから解く子も、独自で時間配分しているならすごいことだと思う。

また、「無人島で一人暮らし」をイメージできる子は、生命力が旺盛で、しっかり自立していける子だと思うし、何より、普通の職業を口に出さないところが〈発想が豊かだな〉と思ってしまう。

多少のはみ出しなら、目くじらを立てる必要はなく、「その考え、面白いね」「ちょっとママには浮かばないアイデアだわ」などと評価し、個性を伸ばしたほうが子どもはいきいきする。

逆に、ありのままの自分をさらけ出せず、ママやパパが気に入るようにと演じるのは、子ども自身にとって大きなストレスになる。

ママはとかく、〈お願い、恥ずかしいことはやめてね〉と思いがちで、先生や他の子どもの親の視線なども気にしがちだが、少し鷹揚に構え、個性的なわが子、一風変わったわが子を自慢に思うくらいでちょうどいいと私は思うのだ。

## 24 ためらわずに「愛してる」を言おう

先に私は、今を生きる子どもたちは、自分を好きになれない子どもの割合が高く、諸外国と比べて、孤独を感じている子どもの割合も突出して高いと述べた。言うなれば、わが国は、子どもの幸福度が低い国ということになる。

こうした中で、子どもをいきいきした子に育てるには、ママの惜しみない愛情を言葉で子どもに伝えることが大事になる。

これまで述べてきたように、ほめること、肯定的な言葉がけをすることも大切な要素になるが、それと同様に習慣化していただきたいのは、ときに直接的に愛情を伝えるということだ。

・ママの一番の宝物は〇〇ちゃんよ
・〇〇ちゃんがいてくれて、ママは幸せよ
・ママは、〇〇ちゃんを愛してるよ

気持ちは言葉にしないと伝わりにくい。まして相手が子どもの場合、ニュアンスだけでは伝わらず、「真意を汲《く》み取って！」も通用しない。

このように、大切に思っている気持ちを、たとえば、お風呂の中やベッドの中など、子どもがリラックスしている場面で、ためらわずに口に出して伝えてみてはどうだろう。

日常生活でも、愛情を感じさせる言い回しに変えてみることだ。次の三つの場面で微妙な言い回しの違いを見ていただきたい。

・お絵描きの場面

A「今、お花の絵を描いているの？　色は丁寧に塗ってね」

B「今、描いているお花の絵、色使いがきれいだね」

・宿題の作文を仕上げた場面

A「作文読んだわよ。ちゃんと書けてたね」

B「とてもすてきな文章が書けたね。ママ、この部分なんてとっても好きよ」

・テストの結果が悪かった場面

A「あなたには難しすぎたのよ、できなくてもしょうがないわよ」

B「すごく頑張ったのにね。悔しかったね。ママだって悔しいよ」

いずれの場合も、AよりBのほうが、子どもにとってはママの愛情を感じるはずだ。

絵を描いているときや宿題の作文を仕上げた場面では、Bのほうが具体的にほめていて、子どもからすれば、それだけママが注目して見てくれたという思いが残る。

また、テストの結果が悪かった場面でも、Aだと、子どもの気持ちを受け止めているように見えて、実は「あなたには無理」と言われているように聞こえる言い方だ。その点、Bのほうがはるかに、子どもにとっては（自分の気持ちになって答えてくれた）という思いになることだろう。

◆Benesse教育研究開発センター「第二回子ども生活実態基本調査」（二〇〇九年調査、小学生の数値を抜粋）

◎学校での出来事についての親との会話

・お父さんとよく話をする……二二・八％

・お母さんとよく話をする……五七・〇％
◎友だちのことについての親との会話
・お父さんとよく話をする……二二・九％
・お母さんとよく話をする……五〇・三％
◎将来や進路のことについての親との会話
・お父さんとよく話をする……一六・〇％
・お母さんとよく話をする……二五・三％
◎勉強や成績のことについての親との会話
・お父さんとよく話をする……一七・九％
・お母さんとよく話をする……三五・〇％
◎社会の出来事やニュースについての親との会話
・お父さんとよく話をする……一八・三％
・お母さんとよく話をする……二三・一％

これらの調査結果を見ると、どの項目でも、小学生はパパよりもママとよく話をしていることがわかる。

それだけに、子どもをいきいきした子に育てるには、ママと子どものコミュニケーションは重要になる。

子どもを受け止め、いい部分を評価し、たまには、ためらわず「愛してる」という気持ちを伝えるなど、愛情いっぱいに子どもと向き合っていただけたらと思う。

第3章

# 子どもの「やる気」を引き出すママの習慣

# 25 子どもに聞こえるようにほめよう

本書では繰り返し、子どもをほめ、評価し、気持ちを乗せることの大切さについて述べてきた。第1章で触れた「ア行」や「サ行」で始まる言葉がけは、その代表的なものだ。

これらはいずれも直接的なもので、面と向かって話す際に有効な言葉がけだが、場合によっては、これら以上に、子どもの心を明るくさせ、やる気を引き出す方法がある。

それは、子どもに直接、ではなく、間接的に伝わるようにほめるという方法だ。

・子どもが一人でお風呂に入っているとき、すぐ近くの脱衣場あたりで、ママがパパに、昼間の子どもの頑張りを、中にいる子どもに聞こえるように大きめの声でほめる

〈例〉「あの子、本当によく頑張ったわよ。私、感心しちゃった」

・パパに頼んで、ママがほめていたことを子どもに伝えてもらう

〈例〉「きのうの参観日、真っ先に手を挙げて発表したんだってね。ママが『○○ちゃんはえらい、勇気がある』って、すごくほめてたよ。それを聞いてパパは嬉しかったな」

・学校や塾、習い事の先生から出たほめ言葉を、ママが忘れずに伝える

〈例〉「先生がね、数ヵ月前とは見違えるように上手になったと言っていたよ。『○○ちゃんはセンスがあるから、練習さえすればもっとうまくなる』って。ママはとても誇らしかったわ」

こうして間接的に聞くほめ言葉は、子どもにとって大きな発奮材料になる。

(僕が頑張ったことを、ママはちゃんと見てくれて評価してくれた)
(ママは私のことを『勇気がある』って思ってくれたんだ)
(へえ、センスがあるんだ。もっと練習すればどんどん上手になれるんだ)

このように感じ、さらに頑張ろう、勇気を持とう、練習しようという気持ちになる。

考えてみれば、私たち大人でも、間接的に自分への高い評価を聞かされると、俄《が》然《ぜん》、やる気にさせられるものだ。

同僚から「A部長が、君のこと、プレゼンテーションが抜群にうまいってほめてたよ」と聞かされたり、部下から「取引先の常務が、『全幅の信頼を置いてます』って話していましたよ」などと聞かされたりすると、直接、聞かされた以上に嬉しく感じるはずだ。

面と向かってほめられるのも嬉しいことだが、気恥ずかしさや（何か理由があってヨイショしているのでは？）などといった猜疑心《さいぎしん》が働いて、一〇〇％素直に受け取れない場合がある。

しかし、間接的に聞かされるほめ言葉は、掛け値なしのものが多く、素直に聞けるので、さらにやる気になりやすい。

先ほどの例のように、「よく頑張ったのでママは感心した」「ママから聞かされてパパは嬉しい」「先生から聞かされてママは誇らしい」といったように、親としての気持ちもはっきりと伝わるようにすれば、子どもの心はパッと明るくなるはずだ。

逆に、間接的に聞かされる悪い評価は、子どもの気持ちを萎《な》えさせてしまう。子どもにとっては陰口も同じで、直接、「何やってんの？　まったくダメな子ね」と言われる以上にダメージを受けるので留意しよう。

## 26 良い点は具体的に何度でもほめよう

教育問題を取材するようになって以来、私はラジオの担当番組を通じて知り合った文化人や起業家、トップアスリートたちに、

「ご両親は、子どもの頃、どのように接してきたのですか？」

という質問を事あるごとにぶつけてきた。彼（彼女）ら、それぞれの分野で成功した人たちは、どんなふうに育てられてきたのか興味があったからだ。

返ってくる答えで気づかされたのは、

「叱られるよりほめられることのほうが多かった」

という点だ。そして、もう一つ、漠然とではなく、

「『あなたのこういうところがえらい』と、具体的に何度もほめてもらったかな」

と述懐する人の割合が高いということだった。

ある女性起業家などは、

「親からいつも、『声がきれい』とか『あなたの努力はすごい』とか、細かく繰り返しほめられてきたことで、自分に自信が持てました。両親の言葉に勇気づけら

れ、（自分ならできる、だからもっと頑張ろう）という気になりました。それが今の成功につながったと思っています」

と語っているくらいだ。

子どものやる気を引き出すうえで、「具体的にほめる」と「何度もほめる」は大きなポイントになる。

子どもが小学一〜二年生あたりまでなら、端的に「えらいね」「さすがだね」と評価するだけでいいが、中学年以上になると、どこがえらかったのか、どの部分がさすがなのかを示したほうが、子どもは納得し心を躍らせやすくなる。

次の例を見てほしい。

どちらも子どもをほめているのだが、もしあなたが子どもの立場だったら、どちらのほめ言葉に喜びを感じるだろうか。

A「成績が上がったね。よく頑張ったね」

B「成績が上がったね。それは○○ちゃんが、毎朝、学校に行く前に少し早めに起きて、ドリルを欠かさずやったからだよ。ママはその努力がえらいと思うよ」

AよりもBのほうが、子どもにとっては（自分のことを見てくれている）という気持ちになるはずだ。しかも、繰り返しほめれば、子どもは、（そうか、早起きして頑張ったのが良かったんだな）と確信し、その後、特に親が何も言わなくても、早起きして何かをするようになるだろう。

他にもいくつか例示してみよう。

・「成績が上がったこともえらいと思うけど、答案の字がきれいになったのがママは嬉しい。気持ちをこめているからだね。○○ちゃん、さすが！」

・「最近、ピアノがうまくなったね。短期間に信じられないわ。素人のママが聞いても音がなめらかになった気がするもん。丁寧に弾いているからだね」

このように、ところどころで、先に述べた「サ行」のほめ言葉（さすが、信じられない、すごい、せっかく○○したのにね、そのとおり）などを散りばめながら、具体的に「こういうところがえらい」と何度でもほめれば、子どもはますますやる気になる。

ほめられた部分が、自分の長所だと自覚するようになり、将来、それを自分の武器にするようになる。

逆に悪い部分を指摘するときも要領は同じだ。

◎成績が下がった子どもに

「ダメじゃない。もっと勉強しなさい」→「前より計算問題はできているね。問題は図形かな。ママと一緒に勉強してみようか？」

◎サッカーでレギュラーから外れた子どもに

「練習が足りないからよ」→「残念だったね。でもドリブルはかなり上手になってるよ。あとはシュート力かな」

単に「ダメね」「練習不足ね」と決めつけるのではなく、具体的に問題点を指摘したほうが子どもは素直に受け止めやすい。

心理学に、「感化→情報→感化」という説得方法がある。言い換えれば、「プラス面を評価する→修正すべき点を指摘する→再びプラス面を評価する」という方法だ。

「計算問題はできるようになったね。でも図形のところは勉強不足かな。まあ、前より良くなった部分もあるんだから、また頑張ろうね」

こんな感じで、「ほめる→注意する→励ます」の順で言葉がけをすれば、子どもを前向きな気持ちにさせることだろう。

# 27 「才能がある」「センスがある」で自信を持たせる

手前味噌な話で恐縮だが、わが家の娘は、小学五年生で読売新聞社の豆記者制度であるジュニアプレスの公募にエントリーし、選ばれて以降は毎週のように、ジュニア記者として土曜日夕刊の紙面作りのために取材したり企画書を書いたりしている。

周囲から見れば、「さぞ、文章を書くことが好きなんでしょう?」ということになるかもしれないが、親からすれば、数年前までは想像もしなかったことである。

わが家の娘は、小学一～二年生時代、ご多分に洩れず、作文や感想文を大の苦手としていた。

夏休みや冬休みには、いつも最終日の夜に、ママに叱られながらしぶしぶ原稿用紙に向かい、私が寝た後まで格闘していたものだ。

翌朝、でき上がった作文を見ると、主語と述語はめちゃくちゃ。「〇月〇日、〇〇に行きました」という何とも平凡な書き出しに始まり、「楽しかったです」や「面白かったです」といった、何のひねりもないフレーズで終わるオンパレード。

それにもかかわらず、「パパ、いい作文でしょ?」と胸を張ってみせる娘の姿に、毎回、(こりゃダメだ)という大きな失望感、(こりゃ才能ないわ)というネガティブな手応えを感じたものである。

しかし、そんな彼女が高い競争率を突破し、ジュニア記者とはいえ大手新聞社の記事を書くようになった理由は何なのだろうか。

その答えは、私と妻が娘を、「才能がある」「センスがある」とおだて続けてきたことにある。

――青ガエル　いっしょにやったよ　草むしり――

――さくらって　いつもわらっているみたい――

これらは娘が、小学二年生頃に詠んだ俳句だが、わが娘ながら(なかなか詩心がある)と思う句である。俳句には必須の季語に加え、誰も教えていないのに擬人法まで使っている。

当時、娘は作文や感想文をもっとも苦手としていた頃だったが、私と妻は俳句を見て、「センスあるねえ」とほめる作戦に出ることにしたのだ。

「○○ちゃん、君には才能がある。こんないい句ができるんだもん」

「○○ちゃんは表現するセンスがある。目のつけどころがとってもいい」

こんな日々を繰り返しているうちに、娘は俳句だけでなく、長い文章を書くことにも抵抗がなくなってきた……というのが、先ほどの問いへの答えである。

彼女のポリシーなのか、作文や感想文を長期休暇の最終日に片づけるという姿勢だけは相変わらずだが、内容は見違えるように良くなっていったのだ。

会話や擬態語などから始まる変化に富んだ書き出し。明快な主語と述語。そして、これまで稚拙だった感想も「以前の思い出がよみがえってきた」など、高尚な言葉を散りばめるようになってきた。

「豚もおだてりゃ木に登る」ではないが、「才能がある」「センスがある」と言い続けてきたことによって、彼女も乗せられ、一段高いところに登ったのだ。

事実、今をときめくトップアスリートを見ても、両親が子どもの才能や非凡なセンスを評価し続けたことで成功した例は多い。

ゴルフの石川遼選手の場合、小学一年生の頃、クラブで本物のボールを打ち、そのすべてを芯に当てる遼少年を見て、親が才能を感じ、それを伸ばそうと接してきたからこそ、今があるのだ。

テニスの錦織圭《にしこりけい》選手の場合も、圭少年が五〜六歳の頃、来たボールを見事に打ち返す姿を見た親が、（この子にはテニスの才能がある）と感じ、「このまま行けるところまで行こう」と腹をくってサポートしてきたことが、今に結びついているのである。

わが家の場合、私が娘の俳句を評価したことが、今後どういう展開を生むのかはまだ見えない。

しかし、「才能がある」や「センスがある」は、子どものやる気を引き出し、自信をつけさせる魔法の言葉なので、将来は、ジュニア記者にとどまらず、直木賞か芥川賞ぐらい獲ってくれるのではないかと真面目に思っている。

# 28 「僕、医者になりたい」には「なれる！」と断言しよう

「僕は大きくなったらメジャーリーグで活躍する野球選手になりたい」

「私は、たくさんの人の命を助けるお医者さんになりたい」

皆さんは、このような子どもの夢を、「それは無理だよ」と即座に打ち消したり、「ハイハイ、なれる、なれる」などと適当な返事で流したりしていないだろうか？

次のデータを見ていただきたい。

◆Benesse教育研究開発センター「第二回子ども生活実態基本調査」（二〇〇九年調査より抜粋）
◎あなたが四十歳くらいになったとき、次のようなことをしていると思いますか？
・幸せになっている……………小学生＝七六・五％　中学生＝七五・二％
・子どもを育てている…………小学生＝六四・〇％　中学生＝六二・〇％
・多くの人の役に立っている……小学生＝三〇・八％　中学生＝二七・五％

・有名になっている……………小学生＝一七・二％　中学生＝一四・二％
・世界で活躍している…………小学生＝一六・二％　中学生＝一二・三％
◎あなたには、将来なりたい職業がありますか？（「ある」と答えた割合）
・二〇〇四年調査……小四＝六四・六％　小五＝六一・八％　小六＝六三・六％
　　　　　　　　　　中一＝六〇・二％　中二＝六三・四％　中三＝六二・五％
・二〇〇九年調査……小四＝五七・四％　小五＝五七・八％　小六＝五九・一％
　　　　　　　　　　中一＝五八・四％　中二＝五二・五％　中三＝五一・五％

これを見ると、今の小中学生は、「幸せになっている」とか「子どもを育てている」など現実的な将来像は描けているものの、将来に大きな夢を持っていないことがうかがえる。

また、二〇〇四年と二〇〇九年の比較で言えば、「なりたい職業がある」と答えた子どもの割合が、五年間で下落したこともわかる。特に、中学二〜三年生あたりになると減少幅が大きくなってくる。

この背景には、社会構造の変化や景気の低迷など、さまざまな要因があると思うが、私はいかなる背景があろうと、「子どもが夢を持てなくなった」という状態はきわめてまずいことだと考えている。子どもに将来への夢を抱かせ、やる気を引き出すには、ママやパパが子どもを応援する以外にない。

特に、いろいろな選択肢がある小中学生の時期に、「それは無理」とか「もっと現実的なことを考えなさい」などと、可能性を狭めてしまうような発言は避ける。

先ほどの例で言えば、子どもが「メジャーリーガーになりたい」と言えば、ママは「絶対、なれるよ」と応え、「医者になりたい」と言えば、ママは、（私立大の医学部とかに行かれるとお金がかかるわ）などと思わず、「ママも全力で応援するね」と返すべきだ。

これは、パパも同じで、仮に子どもが、

「大きくなったら仮面ライダーになりたい」

と、非現実的な夢を語ってきた場合でも、どうしたら仮面ライダーになれるか、全力で応援するくらいのパパであってほしい。

「親が『そんな夢みたいなことを言って……』と言ってしまうと、子どもは下を向いてしまいます。子どもの夢を手伝うのが親の務めなんです。もちろん、成功するかどうかはわかりません。しかし、可能性を見つけ、やる気を引き出すのが親の義務だと思いますけどね」

これは、メジャーリーグで活躍するイチロー選手の父親、鈴木宣之さんの言葉だが、まさにそのとおりである。

「それは無理だよ」と否定するのは、大人の解釈でしかない。子どもは子どもの解釈の中で生きているので、子どもが抱いた夢は否定せず、ママとパパは強力な応援団になってやろう。

そうすることは、子どもにとって何よりの支えができることを意味する。（ママやパパが応援してくれている）という実感は何よりの安心感になるので、どんな夢であろうが、ママとパパはそれを全力で応援してやってほしい。

わが家の娘は、小学校低学年時代、「医師になりたい」と話していた。高学年以降、それがかなり変化して、テレビ局か新聞社でニュースを伝える仕事、もしくは通訳の仕事へとシフトしている。

いずれにしても、実際にそうなるには、厳しい試験など高いハードルが待ち構えている。

それでも、妻と私は、娘から「なれる？」と聞かれると、必ずこう返している。

「なれるよ。絶対になれる！　ママもパパも全力で応援する」

# 29 「あきらめ脳」に効く「よく頑張った」「やればできる」

「僕（私）には無理」「できない」「もうやめた！」「もういい」……子どもの口からよく聞かれる言葉である。

脳神経外科医で、水泳日本代表の北島康介選手らに脳科学的視点からアドバイスを行ったことでも知られる林成之先生の言葉を借りれば、（できない、どうせ無理）と考えてしまう脳を「あきらめ脳」と呼ぶそうだ。

多少、個人差はあるが、小学校低学年あたりまでは、子どもはできないとすぐにあきらめてしまうのが普通だ。

ただ、中学年以降になっても、あきらめ癖が抜け切っていない子が多いのも現実で、皆さんの中にも、難しい問題に直面したとき、あるいは、高いハードルを目の前にしたとき、あっさりとあきらめてしまう子どもを見ながら、（もう少し頑張ってくれればいいのにな）

と歯がゆい思いをされた方は多いと思う。

こうした子どもの「あきらめ脳」を、前向きな「やる気脳」に変えるためには、やはり、ママと子どもによる日頃の習慣が大事になってくるので詳しくみていこう。

ポイントとなるのは、ここでもママの言葉がけだ。悪い例から紹介しよう。

◎悪い例

・子どもが「無理」「できない」と訴えてきたとき、すぐに手助けをする
・子どもが何か失敗したとき、「ダメじゃない」「どうしてできないの」「だから言ったでしょう?」などと、子どもをさらに追い詰めるような言葉を放つ
・子どもに「うるさい」「うざい」などと反抗的な態度をとられたとき、「もう知らないわよ」と突き放すような言葉を投げかけたり、「いい加減にしなさい」「言うことを聞きなさい」と厳しい口調で迫ったりする

すぐに手助けするのは、「あなた一人の力じゃ無理」だというシグナルを暗に送っているのと同じだ。

また、詰問調の言葉や命令口調の言葉も、難しい問題や高いハードルを前に立ちすくむ子どもを焦らせたり、悩ませたり、逆ギレさせてしまうハイリスクでローリ

ターンな言葉である。

これらのケースの場合、こんなふうに言い換えて子どもに伝えれば、「あきらめ脳」を「やる気脳」へと変える可能性が高くなる。

◎いい例

・子どもが「無理」「できない」と訴えてきたとき、できるところまで子ども自身にやらせ、行き詰まった時点で少しだけ手を貸し、再び子ども自身の力で最後までやらせてみる

・子どもが何か失敗したとき、「よく頑張ったね」と労をねぎらい、「この努力、いつかきっと実るよ」「○○ちゃんなら、やればきっとできるよ」と温かいメッセージを送る

・子どもに「うるさい」「うざい」などと反抗的な態度をとられたとき、「ママも子どもの頃ね、こんなことがあったの」とママ自身の体験談を語り、「○○ちゃんなら、もっとこうすればうまくできるんじゃない?」とアドバイスする

「あきらめ脳」を「やる気脳」に変えるには、子どもに「できる」と思わせることが大切になる。

そのために、手は貸すが、最終的には自分でやらせ、子どもに（自分の力で乗り越えられた）という感覚が残るよう導いていこう。

そして、ねぎらいの言葉をかけ、「次はできる」と励ますことで、子どもから（じゃあ、やってみるか）という気持ちを引き出そう。

さらには、ママ自身の体験を語り、体験に基づいたアドバイスを送ることで、子どもに（ママも壁を乗り越えてきたんだな）という思いを抱かせ、（あっ、そうすればいいのか）（僕ならこうするぞ）といった気づきにつなげさせてみよう。

今一度言うなら、「あきらめ脳」解消の特効薬は、子どものこれまでの頑張りを認め、「できる」というイメージを植えつけることに尽きる。

社会に出たとき、難しい局面からすぐに逃げ出すような、ひ弱な人間にしないためにも、今のうちにママのねぎらいと励ましによって、前向きでタフな精神を持った子どもに育てておきたいものだ。

# 30 「×」より「○」の部分を評価しよう

わが家でもそうだが、多くのママは、どうしても子どものマイナス部分に目が行きがちだ。

テストの答案が返ってくると、「○」がついた部分よりも「×」の部分、通信簿を渡されると、前の学期より上がった部分よりも、「成績」や「学習態度」などで評価が下がった部分を気にしてしまう。

学校以外の習い事でも、上手になった部分よりも失敗した部分を指摘することが多くなってくる。

どういう場面であれ、子どもはよくない結果が出たときは、落ち込んでいるものだ。

自信を失いかけているほか、

(ママやパパにどんなことを言われるだろうか)

と内心、びくびくしているものだ。

そんなとき、これまでも述べてきたように、追いうちをかけるように「×」の部分を叱ったり、厳しく指摘したりするのは、それこそ親として「×」なのだ。

私はむしろ、「○」の部分を評価してあげてほしいと思っている。

「算数は下がったけど、国語はよくなったね」

「成績は確かにもう一つだったけど、学習態度に『○』がたくさんついたね」

「スイミング、前より平泳ぎが上手になったね」

こんなふうに、少しでもよくなった点があれば、まずそこをほめてみよう。

特に、ママから見て、子どもが苦手としている分野でわずかであっても結果を出した場合は、

「苦手だった理科で七〇点も取れて、ママは嬉しいわ」

「結果はビリでも、徒競走で最後まであきらめずに走りきった姿は立派だったよ」

などと、七〇点しか取れなかったことや最下位になったことを嘆くのではなく、頑張った事実を讃えよう。

もちろん、「うちの子、いくら探しても『○』の部分が見当たらない」とおっしゃるママもいるだろう。そんなケースでも、

「この二学期、病気もせず、毎日学校に通えたね。それはすばらしいことよ」

「自分からちゃんと挨拶できるようになったね。ママはそれが嬉しいわ」

このように、生活態度などで見るべきものがあれば、「すばらしい」「嬉しい」「誇らしい」といったママとしての感情を込めながらほめてほしい。

それでもうっかり、感情にまかせて「×」の部分を厳しく指摘してしまうというママは、言い換えをして、「×」の部分をマイルドに指摘する習慣をつけてみてはどうだろう。

・ちゃんとしなきゃダメじゃない→こうしてくれるとママは嬉しいな
・いい加減にしなさい→今度同じことを言わせたら、五回目だから怒るよ
・もう知らない！→やってくれることを信じて、ママは待ってるからね
・早く勉強しなさい！→早く済ませれば、おやつの時間にしようよ
・言うことを聞きなさい→○○ちゃんが聞いてくれないなら、ママも○○ちゃんの言うことを聞かなくてもいい？

ここでは、つい言ってしまいがちな言葉を例に、言い換え方を紹介したが、このように言い換えられれば、頭ごなしに「×」の部分を叱るよりは、子どもははるかにやる気になってくれると思う。

# 31 ノートへの花丸でやる気を引き出そう

学校や塾の授業ではノートをよく使う。

先生が黒板に書いた内容を書き写したり、自分の考えをまとめたりするとき、そして漢字や計算の練習をするときなど、これがなければ何も始まらない。

このほかにも、学校生活では、担任の先生に、漢字練習帳や日記、社会科の自由研究など、ノートを提出する機会が多々ある。

こうして考えると、ノートは、「記録」「記憶」「思考」「表現」などさまざまな役割を担うもので、そこに何かを書くことは、練習したり反復学習したりすることなども含め、学びの原点とも言えることなのだ。

それだけに私は、子どもだけでなくママも、ノートを上手に利用してもらいたいと考えている。

まず、ノートは、そのとり方によって、子どもが授業にどういう気持ちで取り組んでいるかが見えやすい。どこでつまずいているかも把握しやすい。

たまにしか見ないで、「とり方が下手じゃない？」などと言ってしまうと、子どもはノートを見せなくなったり、ノートに書くこと自体、嫌いになったりする可能性があるので、ママとしては、頻繁にチェックし、勉強に身が入っていそうか、ちゃんと勉強についていけているかなど、確認しておこう。

そのうえで、私は、次のようにノートを利用したママと子どもとのハートフルな関係をおすすめしておきたい。

・ノートが上手にとれていたらほめる＝丁寧な字、美しい字で書くことよりも、見出しやポイントが整理され、重要な部分に線を引くなど、わかりやすく書かれていたらほめる

・成績でほめる要素が見当たらないときはノートでほめる＝テストの点数が悪く、とても評価できないときでも、「最近、字がきれいになったね」「うまく整理できるようになったね」とほめる

・親が書き込んでもいいノートであれば、花丸をつけたり、メッセージを書き込んでおく

特に、ノートを見ながらほめることは、子どものやる気を引き出すうえで重要な

ことだ。

学校の先生にノートを提出すると、後日、「よくできました」や「頑張ったね」といったメッセージが書かれて返却されてくることがあるが、その際、ママも「すばらしい！」「よかったね！」といったメッセージを書き添えてみてはどうだろう。

書き込んではいけないノートであれば口頭で、書き加えてもいいノートならママの手で二重丸や大きな花丸をつけてやろう。そうすれば子どもも、もっと（頑張るぞ）という気持ちになる。

子どもが作文や日記で、家族との思い出などを書いた場合でも、「ママは、○○ちゃんの一生懸命な姿に心から感動しました」などと、何かコメントを書き添えてやると、子どもの喜びは倍増し、さらに前向きに取り組むようになるはずだ。

このように利用の仕方によっては、ノートはママと子どもの心のキャッチボールの舞台にもなる。

近頃は、面と向かって言いにくいことを、家族間でもメールで伝え合うような社会になっているが、ノートに思いを書くことでハートフルな親子関係を構築し、子どものやる気をさらに引き出すことを習慣化してみてはどうだろう。

## 32 スポーツ番組やカラオケも、「やる気」を引き出す教材

子どものやる気を引き出すには、子どもが興味を持ちやすい材料を用意するとうまくいくケースがある。

その一つがスポーツ選手、いわゆるトップアスリートたちの姿だ。

**◆日本PTA全国協議会「子どもとメディアに関する意識調査」**（二〇〇九年発表、複数回答）

◎小学五年生がテレビで影響を受けている人物

・お笑い芸人、コメディアン……三五・一％
・スポーツ選手……………………三二・六％
・アニメや漫画のキャラクター……三一・四％
・歌手、ミュージシャン…………二五・五％
・アイドル、タレント……………一六・三％

この調査結果を見ると、子どもがテレビで影響を受けている人物として、二位にスポーツ選手が食い込んでいることがわかる。

この調査では、中学二年生に対しても同じ質問をしているが、そこでもやはり、スポーツ選手と答えた子どもの割合は三五・五％と、小学生同様、高い割合であることが明らかになっている。

それだけアスリートの姿は子どもに影響を与えるということなので、やる気を引き出すために、これをうまく利用してはどうかと思うのだ。

一つは、アスリートたちの競技にかける思いや努力を語ることだ。

「真央ちゃん、勝ったね」とか「城島ってすごいね」といった結果だけでなく、なぜ、その選手が活躍できたのかを、新聞などで書かれている程度でいいので、子どもに語って聞かせることが重要なのだ。

「浅田真央ちゃんはね、試合で確実にトリプルアクセルを成功させるために、何百回も練習を重ねているんだよ。練習でできないのに本番でうまくいくわけがないからね」

「城島健司選手って、メジャー時代、対戦チームの各打者の弱点をノートに細かくつけ、配球を考えていたらしいよ。そういう事前の努力が『勝利』という結果につながるんだね」

第1章でも少し触れたが、この程度でいいので、「栄光の陰には努力がある」ことや「努力した先に成功がある」ことを話して聞かせることだ。

実況中継の興奮が覚めやらぬうちに、アスリートたちの生きざまを少しでも子どもに伝えることができれば、子どももそれを自分に置き換えやすい。

特に五輪やサッカーW杯など大きな大会では、テレビや新聞が、選手たちのこれまでの努力の軌跡をダイジェストで伝えるので、それを見せたり読ませたりするだけでも、子ども心には何か残るものがあるだろう。

また、スポーツには、勝者もいれば敗者も存在するが、敗れた選手が勝者を讃《たた》えるいさぎよさやさわやかさ、そして

「また、これから練習をして、次の大会では勝てるように頑張ります」

などと前向きに語る部分などを取り上げて、そのフェアネスの精神と前向きな姿を、子どもに注入してみよう。

スポーツと同様に、親子で行くカラオケボックスも、学《まな》び舎《や》に変えることができる。

たとえば、SMAPの「世界に一つだけの花」にしても、アンジェラ・アキさん

が歌う「手紙～拝啓　十五の君へ」にしても、その歌詞には、子どもの心にスーッと入って、やる気を引き出すフレーズが盛り込まれている。

そんな曲を親子で歌い、

「一番を目指さなくたって、あなたらしいオンリーワンの部分を大切にすればいいのよ」

「くじけそうになるときもあるだろうけど、自分を信じて明るく生きていけばいいのよ」

このように語りかければ、子どもは、他の例を引き合いに出されるよりも納得しやすく、（自分も頑張ってみよう）と思ってくれる確率が高くなるのではないだろうか。

# 33 一人前と認め、大人との付き合いをさせよう

子どもは背伸びをしたがるものだ。ママとパパの会話が気になったり、近所の人とママとの井戸端会議の中身まで知りたがったりする。

「ママ、今、パパと何の話をしていたの？」

「さっき、近所のおばちゃんと何を話していたの？」

などと聞いてきたりするのは、好奇心の表れであり、また、自分も一人前に扱ってほしいと思っている証拠でもある。個人的な印象だが、この傾向は、男の子よりも女の子に強いように感じる。

私は、男子女子を問わず、子どもを大人の会話の中に入れることは、プラスに働くことが多いと思っている。

大人が対等に話してくれると、自分が一人前の人間として認められたという自信と安心感につながるからだ。

そして、これは第4章と第5章で詳しく述べるが、世の中の出来事について見聞を広げることにもなるからである。

わが家では、娘を近所の人たちの輪の中に平気で連れて行っている。その結果、顔見知りが増え、今では、犬の散歩仲間まででき、娘と近所のおじさんやおばさんが、犬を媒介に、何十分も立ち話する光景まで目にするようになった。

娘の話好きは困ったものだが、親以外の大人との会話を通じ、（自分も地域の一員）といった自覚が芽生えてきたように思う。

このほか、「ゴミ出しのルール」や「防犯対策」など、住んでいる地域の問題に興味を持ち、その興味を自治体や国へと拡げつつあるのは、近所の大人たちとの会話に参加してきた結果かなと思うのである。

（大人同士の会話には、子どもに聞かせたくないものも多い。同伴させて大丈夫かしら？）

こんな不安を持つママもいるかと思うが、子どもがいるとわかると、相手は、ほとんどと言っていいほど、子どもに聞かせたくない話は遠慮するものなので、それほど心配することはない。

近所の人との井戸端会議や自治会の総会などにどんどん参加させ、ママやパパ以外の大人との会話の中から、世の中の仕組みや社会のルールを学ばせよう。

また、ママやパパも、夫婦間での相談ごとで子どもに聞かせても差し障りのないものであれば、遠慮なく聞かせていい。

「住宅ローンの借り換え」や「お墓の購入」やら、家族で話をしなければならない問題は多々あるが、子どもが興味を示すなら、子どもも入れて家族会議を開こう。

そうすれば、子どもは（自分も立派な家族の一員）という自信が生まれ、意欲的に取り組む子どもに成長していく。

しばしば、子どもと話をするときは、大人が子どもの目線の高さまでかがんで話すことが大事と言われる。

これは、同じ目線の高さのほうが、子どもは見上げる必要がなく、圧迫感も感じなくてすむので話しやすくなるためだが、姿勢はそうであっても、必ずしも内容まで子どもに合わせる必要はない。

「今、大事な話をしているから、○○ちゃんは自分の部屋に行ってて」

一事が万事、このように言われてしまうほうが、子どもは疎外感を味わうことになる。それよりむしろ、

「ママとパパは引越しの件で悩んでいるんだけど、相談に乗ってくれる？」

と誘ったほうが、よく内容は理解できていなくても、子ども心には響くはずだ。

## 34 目標を子どもに決めさせ、達成感を味わわせよう

職場で若い社員のやる気を引き出すのにもっとも手っ取り早い方法の一つに、「小さな成功体験をたくさん積ませる」という手法がある。

私が勤務しているラジオ局で言えば、新人記者や駆け出しのディレクターに自信をつけさせ、前のめりに仕事をさせるには、まず、簡単な取材や番組制作など、あまりハードルの高くない目標を設定してクリアさせ、（よしっ、やれる！）という思いにさせることが一番だ。

このいたってシンプルな法則は、子どもをやる気にさせる手法としてもかなり有効だ。

第一段階としては、子ども自身に目標を決めさせることだ。言うなれば、子どもにマニフェストを作らせてみるのだ。

マニフェストなどと言えば、まるでどこかの政党の選挙公約に思えるかもしれないが、

「今週は、週のうち三回以上、ママに起こされる前に自分で起きる」

「今週は、毎日十五分、必ず算数のドリルをする」

最初はこのように短期の、たわいもない約束事でいいのだ。

ポイントは、子どもが思った以上に難しい目標を設定しようとした場合、ママが低めに誘導するということだ。

いきなり、「今週は毎日早起きする」とか「今週は毎日一時間、算数のドリルをする」などといった目標を設定して初日から挫折してしまうよりも、確実にできそうなことからトライさせてみよう。

そして、容易にクリアできそうな目標でも、子どもがきちんと達成したら、ママは成功するごとに大げさなまでにほめ、感動してみせよう。

「やってみたら簡単にできた」

「試してみたらうまくいった」

これだけでも、子どもにとっては大きな手応えだが、加えてママが、オーバーなくらいに感動した姿を見せれば、子どものやる気にさらに火がつくことになる。

たとえば、子どもが、「今週は、雨の日を除いて鉄棒の逆上がりの練習をする」という目標を立て、それが実行できたら、ママは、

「○○ちゃんは根性があるわね。約束を守ったもんね。ママは尊敬する」

などとほめ、達成感を味わわせよう。

また、ひょんなことからコツをつかみ、初めて逆上がりに成功したら、「すごいじゃない。今の何？　オリンピックの体操選手みたいに綺麗《きれい》な逆上がりだったよ」

などと、大げさにほめてやろう。

「小学生のうちに英検準二級を取る」とか「中学受験で志望校に合格する」、あるいは、「ピアノのコンクールで優勝する」といった長期的な目標は、これらの小さな成功体験の延長線上にあるものだ。

したがって、まずは、子どもに達成可能な目標を決めさせ、確実に達成させること。それができるようになれば、第二段階として、少し長めで難しめの目標を、やはり子ども自身に決めさせればいいのだ。

政治で言うマニフェストが、単に選挙目当ての、口からでまかせの約束であってはならないように、子ども自身が決め、ママと交わす約束も、実現不可能なものでは意味がない。

小さな目標、高くないハードル設定から始め、一つ一つ成功体験を積ませることが、子どものやる気を増幅させることになるのだ。

# 35 「待つ」「任せる」「見守る」が大切

本章では、子どものやる気を引き出すために、ママは子どもとどのような接し方をすればいいかについて述べてきた。

私は、突き詰めていけば、以下の三つの「M」に凝縮されると考えている。

◎子どものやる気を引き出すためにママに必要な三つの「M」

・「待つ」＝子どもの「やりたい」気持ちを尊重して待つ。ママが先回りせず、子どもに自信を与える言葉がけをし、自分から動くようになるのを待つ

・「任せる」＝ママがあれこれと世話をやかないで、自分のことは自分でするよう一任する

・「見守る」＝子どものどの部分が優れているのかを見つめ、小さな成功体験で自信をつけさせ、子どもが自分の力で伸びようとする姿を見守る

これら「待つ」「任せる」「見守る」は、いずれも受け身の姿勢で、能動的なもの

ではない。とはいえ、放任とは違う。

いつでもすぐに手を差し伸べられる状態でいながら、子どもの成長する力を信じて、静観すべきところは静観するということである。

受験や教育問題の取材をしていると、子どもの先回りをする親に出くわすことがある。

子どもに、「中学に入ったら部活動は何をやりたいの？」と聞いているのに、母親が代わって、「テニスかバドミントンだよね？」などと答えるケース。

子どもがほどけた靴ひもを結ぼうとすると、「あら、ほどけちゃったの？　ママが結んであげる」などと、子どもは突っ立っているのに、母親がしゃがんで結んでいるケース。

さらには、「明日、遠足に行く仕度、しておいたからね」などと、全部、母親がやってしまうケース。

いずれも、子どもが答え、子どもが結んだり準備したりしなければならない場面で、先回りして助け舟を出してしまう親は、子どもの自ら考え行動するという機会を奪っていることに等しい。他にも、

「うちの子が一番苦手な分野の問題が出てしまって、かわいそうだった」

「相手チームは練習量が違うもの。勝てないのも無理ないわ」

こんなふうに、子どもに代わって言い訳をするママは結構いる。

子ども自身、

(もう少し苦手な文章問題をやっておけばよかった)

(明らかに練習不足だった)

という思いはあっても、ママが先回りしてかばうと、(いつもママが助けてくれる)といった勘違いをしかねない。

真の意味で子どものやる気を引き出したければ、子どもに考えさせ、やらせてみることが一番だ。パパもそうだが、ママも少し引いたところにいて、子ども自身が考えて行動するようになるのを待ち、失敗を恐れず任せ、自分の力でうまくなろうとしている姿を見守っていけばいいと思うのだ。

# 36 「大翔」や「陽菜」にした理由を語れ！

「スポーツでも何でも、人より一つでも秀でるものがあれば、それを喜べる子どもになってほしい」

これは、アメリカ・メジャーリーグで活躍する松井秀喜選手の「秀喜」という名前の由来である。

ゴルフの石川遼選手の場合は、

「自分が知らない、はるかな世界に行ってもらいたい」

といった親の願いから、「遼」という名前がつけられたそうだ。

子どもの名前には、ほとんどと言っていいほど、（こんなふうに育ってほしい）という両親の思いが込められている。

明治安田生命が毎年発表している「名前ランキング」で、二〇〇九年は、男の子が「大翔」、女の子は「陽菜」がトップになったが、これも「大きな空を存分に翔《か》けてほしい」や「明るく伸びやかな子に育ってほしい」といった両親の思いが見てとれる名前だ。

実はここにポイントがある。

松井選手の父親、昌雄さんや石川選手の父親、勝美さんは、しばしばメディアに登場しては、「子育ては、結局、親子の信頼関係でしかない」とか「親が子どもの核を作るべき」と言い切っている父親たちだ。

「秀喜」や「遼」という名前をつけただけの薫陶《くんとう》を、子どもと向き合いながら続けてきたことは容易に想像できるが、私たちもまた、子どもにつけた名前を、もっとうまく利用すべきではないかと思うのだ。

まず、名前に込めたママやパパとしての願いを、今一度、思い起こしてみよう。

（私たちは名前に込めたように子どもを育てているだろうか）

と考えてみるのだ。

そのうえで、子どもに名前の由来を聞かせてみよう。

「どんなところに身を置いても一番輝いてほしいと思って『一輝』にしたんだよ」

「あなたの良さを将来、美しく咲かせてほしいから『美咲』にしたのよ」

こんなふうに語ることで、子どもは「勉強しなさい」「もっと練習しなさい」などと何度も繰り返し言われるよりも、

（そうか、じゃあ名前にふさわしい人間にならなくちゃ）

と感じてくれる可能性は高い気がするのだ。

首都圏や関西圏を中心に過熱している小学校受験で、合否を大きく左右する保護者面接の席上、必ずといっていいほど聞かれるのが、子どもの名前に関する質問だ。

「ご子息に〇〇という名前をつけたのは、どういう思いからですか？」

「お嬢さまに〇〇という名前をつけた理由をお聞かせください」

私は、これらの質問は的を射ていると思う。

子どもの名前ほど、親の期待や願いが凝縮されたものはない。また、ママやパパの子育てに関する方針がはっきりわかるものはない。

逆に子どもからすれば、名前の由来を知ることは、親の思いを知ると同時に、その期待に応えようという動機にもなるので、名前について親子で語る機会を持ってみてはどうだろう。

第4章

# 学力をアップさせるママの習慣

# 37 十歳までは手をかけ、十歳からは声をかけよう

中学受験の現状を取材する中で、成績が上位の子どもの家庭をのぞいてみると、親が「勉強しなさい」と言っていないケースが多いことに気づかされる。

では、なぜ成績がいいのだろうか。

答えは簡単だ。小学校高学年になるまでに、机の前に向かうという習慣が、子どもに身についているからだ。

子どもの大半は、勉強が好きなわけではない。ママもそれを強制しない。それなのに好成績がキープできるというのは、「習慣化」という魔法が効いているからなのだ。その「習慣化」の魔法を子どもにかけるには、ママができるだけそばにいることがポイントになる。

ママが、自分の隣、もしくは近くから見守ってくれているという環境があると、子どもは安心する。

ママにとっても、子どもに専用部屋で勉強させるより、そばで見ているほうが、どこでつまずいているのか、どの分野を苦手にしているのかが把握しやすく、手ほ

どきもしやすい。

**◆首都圏有名中学合格者への独自調査**（二〇〇八年二月入試で実施）

◎あなたは家庭内で主にどこで勉強していましたか

・開成中合格者二五人の内訳……食卓かリビング＝一五人　自分の部屋＝八人
　無回答＝二人

・桜蔭中合格者一六人の内訳……食卓かリビング＝一一人　自分の部屋＝五人

これは私が実施した調査で、サンプル数は多くないが、首都圏で最難関とされる私立中の合格者について調べた限り、食卓かリビングで勉強していたという子どもが圧倒的に多いという傾向は見てとれるだろう。

他にも、子どもが難関を突破した家庭からは、

「小学校低学年あたりだと、まだ幼いので、私がそばにいたほうが集中してやっていたように思います。高学年になると、私ももう手ほどきできなくなりましたが、子どもに机に向かう習慣がついていたので、自主的にやるようになりましたね」

（女子学院中、浦和明の星女子中合格者の親）

「子ども部屋は与えず、食卓で勉強させました。勉強する習慣をつける意味でも、子どもの『わからない』という声にすぐに答えるという点でも、食卓はベストな学習スペースだったと思います」（海城中、栄東中合格者の親）

といった声が聞かれるが、いずれも、子どもには目の届く場所で勉強させ、小学校低学年あたりから徐々に習慣づけしてきた家庭ばかりである。

理科や社会科が加わり、算数や国語もしだいに難しくなる小学校中学年あたりまでは、まず、ママがしっかり手ほどきし、子どもに、たとえ短時間であっても、楽しく、それでいて集中しながら勉強する習慣をつけることだ。

そして、それがある程度できるようになれば、今度は、ママの手ほどきよりも、「よくやってるね」「えらいね」「その努力、きっと実るよ」など、ポジティブな言葉がけのほうが重要になる。

すでに勉強を「習慣化」できている子どもは、細かく指導されるよりも、一歩、距離を置いて温かく見守るママの愛情のこもった言葉で伸びていくものなので、まずは十歳までは手をかけ、それ以降は声をかけるスタイルで子どもと向き合ってみよう。

# 38 決まった場所、決まった時間を大事にしよう

子どもに「習慣化」という魔法をかけるには、もう一つ大きなポイントがある。それは、「決まった場所」で「決まった時間」に勉強させるという生活習慣だ。

たとえば、「月曜日は子ども専用の部屋で勉強し、火曜日は食卓で宿題を済ませる」というふうに、毎日、勉強する場所が違うと、子どもの気持ちが安定しない。

その日その日で場所が違えば、子どもの気持ちは勉強モードに切り替わらず、(適当に宿題を片づけておけばいいや)と、その場しのぎの感覚になるので、習慣づけが難しくなる。

勉強する時間が日々異なるというのも、「習慣化」を台無しにしてしまう行為になる。ある日は夕方六時から二時間以上も勉強し、ある日はまったくゼロ、またある日は夜の八時から三十分勉強したというのでは、ムラがありすぎ、勉強するという型が定着しない。

子どもの学力をアップさせるには、そして、将来、社会に出たあとも自ら学ぼうとする素地を作っておくためには、勉強する場所と時間を固定化することだ。

◎「習慣化」に向けた場所と時間の固定例

・午後三時頃………学校から帰宅、おやつを食べながら憩いの時間
・午後四時………習い事（スイミング、ピアノ、学習塾、英会話など）
・午後五時………食卓で宿題などを済ませる（三十分程度）
・午後六時………食卓でママと子どもで勉強タイム（三十分程度）
・午後七時………夕食

これはあくまで平日の例で、ママは専業主婦、子どもは小学三〜四年生を想定したものだ。食卓という同じ場所で、毎日夕方、ほぼ同じ時間に、短時間ではあるが宿題や他の勉強をする時間を確保することを優先したプランである。

皆さんの家庭でも、それぞれの事情に合わせて、時間と場所を設定し、是非、試してみていただきたい。実際にやってみると、案外、これがうまくいかないことがわかるはずだ。

それは、ママと子どもの時間が、ママの都合によって変動しているからにほかならない。

「夜、見たいバラエティ番組があるから、勉強タイムをカットして早めに夕飯にしようかしら」

「夫は帰宅が遅いって言ってたから、子どものピアノが終わるまで近所にできたショッピングモールをのぞいてみようかしら。食事は遅めでいいわね」

つい、こう考えてしまい、子どもの生活パターンを崩してしまう張本人は、普段、「わが子を頭のいい子に」と願っているママ自身、というケースが意外と多いのではないだろうか。

まず、ママは、子どもに勉強する習慣がつくまででいいので、きちんと自分の時間管理をし、子どもが毎日同じリズムで勉強に入っていけるよう配慮してみよう。

そして、一緒にテーブルについて、最初は五分でも十分でもいいので、一緒に勉強するところからスタートし、ゆくゆくは、三十分～一時間程度、子どもの勉強をみる習慣をママ自身が身につけよう。

子どもの生活リズムは、ママの生活習慣がそのまま反映される。

見たいバラエティ番組は録画し、ショッピングモールでの買い物は、別の時間にずらすなどして、子どもが毎日、一定時間、集中して勉強する環境を作っていただけたらありがたい。

# 39 覚えさせるより、考えさせよう

子どもを持つ親なら誰しも、「わが子をいい学校に入れたい」「安定した企業に入ってほしい」といった思いを抱いていることだろう。だからこそ、子どもに多くの知識を与え、テストで高い点数を取らせたいと思い、「勉強しなさい」「いつまで遊んでるの?」と、つい、子どもを追い立ててしまいがちになる。

私も子どもを持つ親なので、もちろんそういう部分はあるが、学力をアップさせようと思うあまり、知識を詰め込むことだけにウエイトを置くことは避けたいところだ。

なぜなら、今の入学試験や就職活動は、知識の量だけでは太刀打《たちう》ちできない状況になっているからだ。

たとえば、首都圏や関西圏で過熱している中学受験では、ここ数年、地球温暖化、政治や経済の動向、高齢社会、沖縄米軍基地問題などといった時事問題を題材に、記述式で子どもの考えを問う出題が増えている。

これは、学校側が、知識の量以上に、思考力や表現力を重視し、どの子が中高一貫の六年間で伸びそうかという、いわゆる伸びシロを見ているからだ。

――あなたの身の周りで温暖化を感じた経験と、あなた自身、温暖化を防ぐために何をすればいいと思うか、二〇〇字以内で述べなさい――

――衆議院で圧倒的な勢力を持っている民主党が、参議院でも過半数を取れば、どういうことが可能になると思うか、一〇〇字程度で答えなさい――

こうした問題にきちんと答えるには、学校や塾での勉強だけでなく、家庭で、日頃から考え、意見や感想を述べる習慣が確立されていることが望ましい。

昨今では、大学でも、AO（＝アドミッションズ・オフィス）入試という、一般入試とは別に、志願者の個性や適性などを面接などによって判断し合否を決める方式を採用する大学が増えているが、これも、大学側が、詰め込み教育による知識の量ではなく、志願者の考える力や伝える力、それに独創性などをチェックし、質の高い学生を早めに確保したいと考えているからである。

また社会人への登竜門の一つである入社試験においても、ここ数年、採用側が、大きく選考方法を変えてきている。

◆日本経団連「新卒採用に関するアンケート調査」(二〇一〇年調査、複数回答)

◎企業が選考時に重視する要素

・一位＝コミュニケーション能力……八一・六％

・二位＝主体性……………………………六〇・五％

・三位＝協調性……………………………五〇・三％

(以下、チャレンジ精神……四八・四％、誠実性……三八・九％、責任感……三一・九％)

この調査結果を見ると、採用側は高学歴を求めているわけではないことがわかる。それよりも、自分の頭で考え、表現したり行動したりする力を重視しているのだ。

もちろん、思考したり表現したりするには、一定の知識が備わっていることはとても大切なことだ。

しかし、子どもの先々を考えれば、ママには、「覚えさせる」だけでなく「考えさせる」ことにも配慮して子どもと向き合う習慣が、これから一段と求められてくるように思うのだ。

40

# 「YES」「NO」で答えられない質問をしてみる

では、具体的にどのようにすれば、子どもに考えさせることができるのだろうか。

それは、日常生活の中で、ママが子どもに「YES」や「NO」で答えられない質問をしてみることだ。

言い換えれば、ママが子どもに、「なぜ?」「どうして?」という問いかけを頻繁にしてみるということだ。

次の調査結果を見ていただきたい。

**◆Benesse教育研究開発センター「第一回子ども生活実態調査」**（二〇〇四年調査から抜粋）

◎（小学生に）あなたは次のどのようなことが得意ですか、苦手ですか

・ものを覚えること……………………得意＝六一・九％　苦手＝三七・〇％

・問題の解き方を何通りも考えること……得意＝三七・〇％　苦手＝六一・五％

・他人が思いつかないアイデアを出すこと…得意＝三九・九％　苦手＝五九・三％
・自分の考えを文章にまとめること………得意＝三六・二％　苦手＝六二・六％
・自分の考えをみんなの前で発表すること…得意＝三二・五％　苦手＝六六・三％
・すじ道を立ててものを考えること………得意＝二九・六％　苦手＝六九・〇％

データを見ると、小学生の過半数が「覚えること」は得意にしているものの、「解き方を何通りも考える」や「アイデアを出す」、あるいは、「文章にまとめる」や「人前で発表する」などは苦手にしていることがわかる。

この調査では、中学生や高校生を対象にした数値もあるのだが、年齢が上がるにつれ、その傾向は強まっている。

たとえば、「問題の解き方を何通りも考えること」を苦手とする中学生は七八・〇％、高校生では八三・〇％にまで達しているのである。

つまり、考える力は、小学生時代に身につけさせないと、成長するにつれて体得させるのがさらに難しくなるということだ。

そのためのキーワードが「ＹＥＳ」や「ＮＯ」では答えられない質問、すなわち、「なぜ？」「どうして？」という問いかけなのである。

◎Aパターン

ママ「今日、学校は楽しかった？」

子ども「うん」

ママ「なわとび大会はうまくいったの？」

子ども「ううん」

◎Bパターン

ママ「今日、学校では、どんなことをしたの？」

子ども「午前中、テストが返ってきて、午後はなわとび大会だったよ」

ママ「ああ、国語のテストね。で、どうだった？」

子ども「文章の問題は二つ間違えたけど、漢字は全部できた」

ママ「漢字、すごいじゃない？　なぜ全部できたと思う？」

子ども「ちゃんと練習したから」

ママ「そうだよね。頑張ったもんね。で、なわとび大会は？」

子ども「すぐ足に引っかけてダメだった」

ママ「そう。残念ね。でもどうしてすぐに引っかかっちゃったのかな？」

子ども「全然、練習しなかったから」

比べてみていただきたい。Aパターンだと「YES」「NO」で子どもの返事が完結してしまうが、Bパターンなら子どもに考えさせることができる。

最初はこの程度から始め、徐々に、じっくり頭で考え、論理的に表現できるようにレベルアップを図っていこう。

たとえば、夏休みの家族旅行先を決める場面で考えてみよう。

長男は「海」と答え、長女は「山」と言うかもしれない。ママは、「思い切って北海道なんかどう?」と別のプランを唱えるかもしれない。パパはパパで、「会社の保養所に」などと考えていると、食卓には四つもの案が並ぶことになる。

そういうときこそ、「なぜ?」「どうして?」をフル活用し、長男や長女を含め、家族全員でその理由を述べ合ってみるのだ。

最初は、「だって泳ぎたいもん」とか「山のほうが気持ちいいもん」と言う程度かもしれない。しかしここで、ママやパパが、

「じゃあ、三日後にもう一度話しましょう。そのときまでにどうしてそこがいいのか、みんなが納得する理由を考え、まとめてきましょう」

などと課題を投げかければ、子どももしだいに、「現地ではこんな楽しいことができる」とか、「そこへ行けば、家族全員にこんなメリットがある」など、他の三人を説得する理由を考え、論理的にプレゼンテーションできるようになる。

その際、一つの型を作ってしまうといい。

◎思考力、表現力を伸ばす話の型

・理由をつけて話す……僕は海がいいと思います。その理由は○○だからです

・関係づける…………近くて、家族全員楽しめるという理由で、私は山がいいと思います

・比較して話す…………二つの案を比べると、同じところは○○、違うところは△△

・確認する…………お兄ちゃんが「海がいい」というのは、○○という理由からですね？

・仮定する…………もし海に行ったとしたら、三年連続で夏休みは海になってしまいます

実際、県の研究指定校になったのを契機に、こうした話型の習得を取り入れた香川県の観音寺市立一ノ谷小学校では、全国学力テストや県の学力調査の成績が飛躍的に伸びたそうだが、じっくり考え、きちんと話せるようになれば、学力は伸びてくる。

是非、家庭でも、ママが子どもに「なぜ?」「どうして?」と語りかけ、思考力と表現力を養っていただけたらと思う。

# 41 できた喜び、できない悔しさを体験させよう

先に紹介したＢｅｎｅｓｓｅ教育研究開発センターの調査で、子どもたちに「あなたが勉強をするのはどうしてですか？」と質問を投げかけたところ、成績がいい子ほど、「問題が解けると嬉しくなるから」とか「いろいろな考えを身につけることができるから」と答えたことが明らかになった。

この割合は、「いい中学や高校に入りたいから」とか「成績が悪いと親に叱《しか》られるから」という割合よりはるかに多い数字だった。

これから考えると、家庭では子どもにとって先生役にあたるママが、勉強の手ほどきをし、「勉強は楽しい」「面白い」と思わせることが重要なポイントになるということだ。

私は第3章で、子どもには小さな成功体験をたくさん積ませようと述べたが、実際に問題を解かせてみて、子どもに「解けた」「できた」という喜びを体感させることは、小さな成功体験を積み重ねるうえでも大切なことなのだ。

勉強は、わかるようになると面白くなり、わからなくなると途端に嫌いになるも

のだ。

「漢字なんてパソコンで変換できるんだから必要ない」

「算数なんて、将来、いったい何の役に立つの？」

などと反抗し始めたりするので、そうなる前に、つまずきを発見し、理解するまで手ほどきをすることが必要になる。

そして、ともすれば嫌になりがちな勉強を、「楽しいもの」「面白いもの」だと思えるようにもっていければ、子どもの学力はアップしたも同然だ。

そのためには、子どもが誰しも持っている「競争心」や「遊び心」、それに「親から認められたい、評価されたい」という欲求を、最大限、活用することだ。

◎できた喜び、解けた感動を与える方法

・少し前のレベルに戻り、もう一度、基礎的な問題を解かせ、自信を持たせる
・計算ドリルなどであれば、ママと競争する形にし、遊び感覚を取り入れてみる
・問題を解くごとに「すごいね」「えらいね」「頑張ったね」と評価する

これらの点に配慮すれば、子どもは、「やった！」という感動を味わうことがで

き、主体的に勉強に取り組むようになるだろう。

そして、ある程度、自分から勉強に取り組むようになったら、今度は、できない悔しさを味わわせてみるのもいい。

子どもは、元来、好奇心やチャレンジ精神を持っているので、壁にぶちあたると、それを乗り越えようというバネが働く可能性がある。

特に、負けん気の強い子、打たれ強い子、辛抱強い子であれば、あえて難しい問題に挑戦させ、「どうすればできるか」と試行錯誤するクセをつけさせてみよう。

逆に、打たれ弱い子、負けん気が乏しい子、すぐに落ち込んでしまう子の場合、親が、子どもが失敗しないよう先回りし、手をかけすぎて、苦い思いを経験することなく育ったケースもあるので、小さな失敗体験をどんどん積ませ、

「ママも子どもの頃、こんな失敗をしたけど、こうしたら乗り越えられたよ」

「この部分は失敗しちゃったけど、ここはよくできているよ」

などと、ママの体験や、できている部分をほめ、子どもに、できない悔しさや失敗した悲しさとしっかり向き合わせるようにしたいものだ。

そうすれば、子どもなりに、できなかった原因を探り改善しようとし、問題への対処の仕方を学んで、それを自信へとつなげていくようになる。

# 42 ゲーム感覚で学習習慣をつけよう

食卓など目が行き届くところで勉強させようとしても、あるいは、ママと一緒に勉強させようとしても、一向に乗ってこない子どももいるだろう。

そんなときは、子どもの持っている「遊び心」をフル活用してみよう。

先に、計算ドリルなどはママと競争してみればいいと述べたが、さらにゲーム性を持たせた学習内容に変えてみるのだ。

たとえば、山手線ゲームだ。東京都心を走るJR山手線には二九の駅があるが、漢字の練習であれ、算数の文章題であれ、これを利用したオリジナルゲームにすればいいのだ。

新宿駅を起点に、一問解けたら新大久保駅、二問解けたら高田馬場駅といったように、問題をクリアするごとにひと駅進むというゲームで、二九問解けたら、元の新宿駅に戻れるというような感じだ。

そうすれば、苦痛だった勉強がゲームに変わる。

「きのうは上野駅まで来たから、今日は何とか二問は解いて、秋葉原駅まで行く」

という気持ちになりやすい。

私の娘が通っていた東京都内の私立小学校では、毎冬、体力作りのため実施している早朝マラソンを箱根駅伝に見立てている。

グラウンドを何周走ったかによって、「あなたは今、横浜の保土ヶ谷」とか「あなたはもうすぐ小田原中継所」といったように、ゲーム性を持たせて楽しさを演出しているのだ。

確かにこうすれば、単に「あなたは何周走りました」と言われるよりは楽しく、寒いグラウンドを走るという嫌な行為であっても、いくらかはやる気になる。

同じように、家庭での勉強も、東海道新幹線ゲームとか大阪環状線ゲームなど、題材は何でもいいので、楽しさや面白さを加味しながらやらせてみよう。

子どもが相撲《すもう》好きなら、毎日、ママと子どもとで、漢字一五番勝負をしてみるというのはいかがだろうか。

これは、漢字テストを大相撲の本場所にたとえ、一五問問題を出して、八つ以上できれば勝ち越し、七つ以下だと負け越しにするものだ。

そして、一〇勝以上できれば殊勲賞、一四勝以上すれば優勝といったように、本場所さながらの設定をすれば、子どもにとっては苦手だった漢字の勉強が、バーチヤルではあるが、大好きな大相撲の本場所に変わる。

最初は、子どもの番付を前頭五枚目あたりから始め、漢字テストの出来不出来によって上下したりすると、なおリアルになるので結構楽しめる。

四字熟語やことわざなども、市販の問題集や単語帳などを用いて、同じように大相撲の場所感覚を取り入れてみればいい。

野球好きの子なら、書けた漢字と書けなかった漢字を打率換算してもいいし、サッカー好きの子どもであれば、九割以上の正答率で勝ち点三、七割から九割未満で勝ち点一などとすれば、単に「漢字と熟語の勉強をしなさい」などと追い込むよりも、はるかにとっつきやすいはずだ。

先に山手線ゲームの話をしたが、他の科目でも、一つの単元をクリアするごとにひと駅進むようにすれば、子どもにとって、勉強＝ゲームになるので、前向きに取り組むようになる確率が高くなるだろう。

# 43 得意科目を徹底的に伸ばせ！

私が担当しているラジオ番組で、レギュラー出演している映画評論家のおすぎさんが、教育に関して、こんな発言をしたことがある。

「高校ともなると、何でも万遍なく勉強させるんじゃなくって、子どもの得意なこと、やりたいことを思いっきり伸ばせるようなカリキュラムにしたほうがいいんじゃない？　私は高校無償化より高校個性化のほうがはるかに大事だと思うわ」

おすぎさんは、教育の現場にけっして明るいわけではないが、この発言には、私も（なるほど）と感じたものだ。

さらに言うなら、私は、子どもが小学生時代から、得意分野、興味を示した分野を徹底的に伸ばす機会がもっとたくさんあっていいと考えている。

なぜなら、得意分野や関心を持った分野こそ、伸ばせば伸ばすほど子どもの自信につながり、今後の人生を切り拓いていく指針にもなるものだからである。

中学受験の現状を取材していると、しばしば聞かれるのが、

「得意分野を伸ばしたら、苦手科目までできるようになった」

という親の言葉である。

考えてみれば、これも、子どもが得意分野に磨きをかけ、自信を深めた結果、（苦手科目だって、この調子でやればいくらかはできるようになるだろう）としだいに思うようになったからではないだろうか。

事実、そうした家庭では、ママが折に触れ、子どもの得意分野をほめ、苦手科目の克服に向けて、効果的な言葉がけをしてきたケースが多い。

「やっぱり算数の天才だね。でもこれだけ算数ができるんだから、国語だってやればできるわよ。だって、算数は答えを導き出さなきゃいけないけど、国語の文章題は、答えが本文の中にあるケースが多いんだから」

「社会科の満点はさすがね。でも理科の七〇点もよくやったわよ。もう苦手科目とは言えない高得点じゃない？」

こんなふうに、得意分野をほめつつ、苦手科目への負の意識を軽くしているのだ。

「やればできる」という言葉は、子ども心を鼓舞する大切な言葉だが、根拠がない場合は説得力に欠ける。しかし、子どもの中に、何かの分野で一つでも得意に感じているものがあれば、その部分を利用し、

「〇〇があれだけできるのだから、△△だってやれば絶対できるわよ」

と言えば、説得力はかなりアップするのではないだろうか。

そのためにも、得意分野はとことん伸ばしてやることだ。

「いつまで理科ばっかりやってるの？　たまには算数や国語もやりなさい！」ではなく、理科に没頭できる集中力と興味を、他の科目にも誘導するようにすればいいのである。

「あなたはまさに天文博士、虫博士ね。今度は算数博士を目指してみない？　あなたならすぐになれるわよ」

この言葉に子どもは即応しなくても、もし、（確かに算数も得意になれるかも）と思ってくれれば、それだけでも苦手意識は緩和されるはずだ。

現在、スポーツ界で活躍しているトップアスリートたちは、メジャーリーガーの松坂大輔投手にしても、ゴルフの石川遼選手にしても、子どもの頃、いろいろなスポーツを体験する中で、もっとも好奇心を抱いたもの、もっとも自分にしっくりきたものを伸ばした結果、今の成功をつかんだ。

私たちも同じように、まず、子どもの得意分野、好きなジャンルをサポートするということを大切にしながら、そこで得た子どもの自信を、苦手意識がある科目にも向けさせてみてはいかがだろうか。

# 44 「ママに教えて!」で復習させよう

大学講師として学生たちと接する中で、強く感じてきたのが、「人に教えることで自分自身も学ぶことができる」ということだった。

私の場合、政治や社会情勢を学生に教えるのがメインなのだが、教える以上、私自身がきちんと把握しておかねばならず、生半可な知識や考察では、わかりやすく学生に説明することができないので、講師になってはじめて、自分の中で足りない部分に気づかされることが多かった。

また、学生に教えることで、私自身の理解も深まる気がして、大学で講義することが何よりの復習になっているように感じてきたものだ。

さて、本題に戻るが、私は、子どもに学習内容への理解を定着させるうえでも、「人に教える」という方法は使えると考えている。

学校や塾で授業を普通に受ければ、一応、わかった気持ちになる。ところが、それを第三者に説明するとなると、案外、理解が不足していて、上手く説明できないケースが多い。

これは、授業を受けた本人が、何となくわかったつもりになっていることと、時間の経過とともに記憶が薄れていくせいではないかと思う。

私自身の子どもの頃を振り返っても、学校や塾の先生に解説してもらい答えが導き出せれば、できた気持ちになる。独力で解いたわけではないのに、わかったつもりになる。ここに一つの落とし穴があるのだ。

さらに落とし穴といえば、人間は忘却する生き物であるという点だ。

ドイツの心理学者、ヘルマン・エビングハウス氏の有名な学説に「忘却曲線」というのがある。

この学説によると、人間は一時間後に五六%を忘れ、一日後には七四%を忘れ、一週間後には七七%を忘れるそうだ。

数字で見ると、最初の一日に急激な忘却が起きることになるが、先生からよく言われる「家に帰ったら、ちゃんと復習するんですよ」という言葉は、本当に理解しているのかどうかを確認するためにも、そして、最初の一日での忘却を食い止めるためにも、まさに適切なアドバイスということになるのだ。

近頃の中学受験塾では、予習よりも復習に時間を割きなさいと指導するところが増えている。家庭でも同じように、ママと子どもで復習をしてみることをおすすめしたい。

「学校でどんなことを習ってきたの？　ママに教えて」

「ママも勉強したいから、今日習った教科書のページを見ながら教えて」

こんなふうに、今日一日、学習してきた内容について、ママが子どもに教えてもらうことを習慣にすれば、子どもは説明することで理解が深まる。ママもその説明を聞きながら、実際、どの程度理解しているのかを把握することができる。

学校や塾でテストの結果をもらって帰ったときも同じだ。点数や偏差値だけに着目するのではなく、

「へえ、よくこの難しい問題が解けたね。やり方を教えてくれる？」

「この問題、なぜ間違えたんだと思う？」

こんなふうに、ママが生徒役になって教えを受ける形で子どもの説明を引き出そう。

うまく説明ができれば理解している証拠。そうでなければ、たまたま正解を導き出せただけだったり、また同じ系統の問題でミスをしてしまったりすることになるので、その場合は、ママともう一度問題を解いてみるなどして、理解を確かなものにすることを習慣化しよう。

# 45 テレビを見ながら「へえ、そうなんだ」と叫ぼう

「家庭でテレビを二時間以上見る子どもの学力は保証しません」

これは、リクルートから東京・杉並区立和田中学校に民間人校長として着任し、自ら世の中の動きを教える授業を行ったり、塾の教師による「夜スペ」と呼ばれる特別授業を導入したことで注目を集めた藤原和博氏の言葉だ。

同じような言葉は、私が有名私立小中学校の関係者を取材する中でも聞かれるが、それを実証する調査結果もある。

◆**文部科学省「全国学力・学習状況調査」**（二〇〇八年調査結果から中学三年生を対象にした数字を抜粋）

◎平日にテレビなどを見る時間と数学Aの正答率

・一時間未満……………………七〇・五％

・一時間以上、二時間未満……六九・四％

・二時間以上、三時間未満……六五・五％

・三時間以上、四時間未満……六一・二％
・四時間以上……………………五四・四％

文部科学省の調査では、小学六年生の四五・八％が、平日に三時間以上、テレビなどに接していることが明らかになっている。

似たような数字は、日本PTA全国協議会が二〇〇九年に発表した「子どもとメディアに関する意識調査」でも弾き出されており、調査対象の小学五年生と中学二年生では、ともに過半数の子どもが、平日一時間〜三時間、テレビと接し、四人に一人以上が、実に三時間〜五時間もテレビを見ている実態が明らかになっている。

しかしながら、「テレビ＝悪」ではない。

テレビは、利用方法によっては、子どもの目を社会に開き、好奇心や興味の入り口にもなるメディアである。

「OECD生徒の学習到達度調査」で学力世界トップを行くフィンランドでは、家族で子どもと一緒にテレビ番組を見る習慣が根づいている。

フィンランドは、テレビ番組にバラエティ番組がほとんどなく、ニュースやドキュメンタリー、それに討論番組が主流となっている国だが、私たちも、これに倣《なら》っ

て、テレビが映し出す世の中の動きを見ながら、

「この問題、どう思う？」

といった疑問を子どもに投げかけ、一緒に考えるスタイルをとればいいのだ。

とはいえ、わが国で子どもが見ている番組は、バラエティ番組などが中心で、いきなりニュース番組を見せても、とっつきにくいはずだ。

「ママと一緒に、ＮＨＫのニュース番組を見ようよ」

などと誘っても、まったく関心を示さない子どもが多いのではないだろうか。

そこで、ママが、ニュース番組を見ながら、「へえ、そうなんだ」とか「これはすごい（ひどい）」といった大きなリアクションをしてみるのだ。

子どもからすれば、ママが感激したり驚いたりしているものは気になる。

「ママ、どうしたの？　今、テレビで何の話をしていたの？」

このように聞いてくる可能性が高い。そこで、ママが見聞きした内容を話して聞かせれば、子どももしだいに目を社会に向けるようになる。

ニュース番組に限らず、ドキュメンタリー番組や、歴史、自然、動物などをテーマにした番組を見ながら、ママが「へえ」と大声をあげれば、それが子どもの興味の入り口になることだろう。

# 46 思考力と表現力を鍛える「テーマ」のある会話を！

一般的に子どもと過ごす時間がパパより長いママには、子どもの学力をアップさせるためにやっていただきたいことがいくつかある。学力の基礎として不可欠な国語と算数で言えば、それは次のようなものだ。

◎国語力アップのために習慣化していただきたいこと

・教科書や物語を音読させる
・ひらがな、カタカナ、漢字の練習
・ことわざ、四字熟語などの記憶
・辞書引きを励行する
・文章の構成を考えて作文を書く練習をさせる
・意見を言うとき、理由や根拠を交えながら話す練習をする

◎算数力アップのために習慣化していただきたいこと

・四則の計算の習熟

・足し算や掛け算などが含まれた混合計算の習熟
・「ミリリットル」「分」「メートル」といった単位を生活の中で触れさせる
・ものの形を教えながら、面積や体積の感覚を把握させる
・文章題では、文章の意味を理解させて解かせる

これらはいずれも、学力アップに直結する手ほどきなので、すでに、教科書や学年に添った市販の教材などをベースに実践されているママも多いと思う。

私はこれと並行して、学力アップに直結するわけではないが、じわじわ効いてくる学力アップ策として、日常生活の中で、時折、テーマのある会話をしていただきたいと思っている。

先の項で、テレビ番組との接し方について述べたが、ニュース番組やドキュメンタリー番組での話題でもいい。それ以外の地域の問題や学校生活の問題でもいい。一つのテーマについて、ママと子どもとで言葉のキャッチボールをしていただきたいのだ。

子どもの話は散発的で、クラスの友だちの話をしたかと思えば、ユニークな先生の話、委員会活動の話、今日の給食がまずかった話など、いろいろな話をしてくる

ものだ。

それはそれで、きちんと聞いてあげるべきだし、子どもの様子をうかがい知るうえで貴重な機会なのだが、子どもの思考力や表現力を育てるために、もう一歩踏み込んだ話をしてほしいと思う。

たとえば、子どもがクラスで起きたいじめの話をしてきた場合は、いじめについてママと子どもで話し合ってみる。また、学校で飼育していたニワトリが死んじゃった話が出たら、命の大切さなどについて話し合ってみよう。

また、ママ発の話題で、自治会で問題になっているゴミ問題とか、安売りのスーパーができたことで近所の商店が閉店になった問題など、子どもに感想や意見を求めてみよう。

週に一回か二回でいいので、日常会話から踏み込んだテーマ性のある会話ができれば、子どもに考える力や表現する力がついてくる。その際、

「どうして、そう思ったの？　理由は？」

先に述べた話型のように、理由をつけて話をするようにしたり、

「意見を最後までしっかり言えて、○○ちゃんはすごいね」

などといい点を評価すれば、子どもの思考力や表現力は相当アップするはずだ。

# 47 SWOT分析で、将来へのビジョンを描こう

「親はなくとも子は育つ」ということわざがある。

これは文字どおり、親がいなくても、子どもは自分で努力をしたり、周囲の人に助けられたりして育っていくものだという意味だ。

確かにそういう子どももいるだろう。

「あそこの親は、それほど子育てに熱心じゃなかったのに、子どもはたいしたもの」という話はよく聞く話である。しかし、それは普遍的な話だろうか？

私は、多くの場合、子どもは、親が手ほどきしたからこそ何かに興味を持ち、それに打ち込ませたからこそ能力を伸ばしていけるのだと思う。

現実問題として、子どもは親の手ほどきがなければ、もし何かに興味を持っても、それをどうしていいかわからないはずだ。

それに現代は、テレビをはじめ、パソコン、ゲーム機、携帯電話など、子どもの興味をそそる機器が暮らしの中にあふれているため、放っておくと、せっかく抱いた興味を、それとは別の刺激的な機器に向けてしまいかねない。

つまり、今の時代は、「親がきちんと導いてこそ、子どもは伸びる」時代であり、子どもの興味を引き出し、学力を伸ばすためには、親があらまし、子どもの将来像を描き、それに向けて下地を作ってやることが求められている時代なのだ。

ただし、行き当たりばったりではうまくいかない。子育てを戦略と言えば語弊があるかもしれないが、ある種の見通しは絶対的に必要なのだ。

そこでおすすめしたいのが、ＳＷＯＴ分析だ。

これは、子どものキャラクターを分析し、目標達成に何が必要かを考えるためのもので、昨今、先進的な企業で取り入れているＳＷＯＴ分析（Ｓ＝ｓｔｒｅｎｇｔｈｓ＝強み、Ｗ＝ｗｅａｋｎｅｓｓｅｓ＝弱み、Ｏ＝ｏｐｐｏｒｔｕｎｉｔｉｅｓ＝機会、Ｔ＝ｔｈｒｅａｔｓ＝脅威）を、子どもの学力アップにも取り入れてみてはどうかというものである。

企業で採用しているＳＷＯＴ分析とは、自社の強みと弱み、目標達成のための促進要因と阻害要因を分析したうえで、新たな戦略を立てるというものだが、これを子どもの学力アップ作戦にあてはめるなら、さしずめ次のようになる。

◎子どもの才能を伸ばすためのＳＷＯＴ分析

・S＝わが子の強みとは何か
〈例〉がまん強く自分から進んでやるタイプ
　英語が好き、理科にも興味を持っている
・W＝わが子の弱みとは何か
〈例〉人見知り、すぐに周囲に溶け込めない
　国語や算数にはあまり興味を示さない
・O＝目標達成のための機会
〈例〉近くに評判の塾や英会話教室がある
　少し足を伸ばせば博物館などもあり、理科を伸ばすにはいい環境
・T＝目標達成のための脅威
〈例〉家計が苦しく、下の子にもお金がかかる

こうした分析ができていれば、ママは家計をやり繰りしながら、どのようにして、子どもの長所を伸ばし、足りない部分を補うかが見えてきやすい。

例で言えば、限られた予算を、国語や算数を強化するために使うのか、英語や理科をさらに伸ばすために使うのか、パパと話し合って決めればいい。

場合によっては子ども本人とも相談しながら、「今年は何をする」「来年は……」といったように、計画性を持って、学力アップを図っていけばいいのだ。

ＳＷＯＴ分析をすれば、子どもの将来像も見えやすくなる。

「この子は、将来、この強みを生かしていくとうまくいくのではないだろうか」

という気づきにもつながるので、先のことも見据《みす》えながら、子どもを伸ばすプランを考えていただけたらありがたい。

## 48 学力アップの秘訣は、ママと一緒に「はみがきよし」

茨城県境町にある静小学校。小規模な公立校なのだが、学業成績が近隣の自治体の小学校の中でトップレベルになった学校だ。

実際に訪問してみると、一年生から六年生まで、初対面の私とすれ違うと、大きな声で「おはようございます」「こんにちは」と挨拶してくる、とても気持ちのいい学校だ。

その静小で日々実践されているのが、「はみがきよし」という教育方針である。

◎静小学校で実践している「はみがきよし」

・「は」＝話す
・「み」＝見る
・「が」＝書く
・「き」＝聞く
・「よ」＝読む

・「し」＝調べる

静小を訪問して以来、私は、この「はみがきよし」こそ、子どもの学力をアップさせるには不可欠な要素と感じ、「是非、各家庭でも取り入れてほしい」と話しているほどだ。

「言われたとおり実践してみたら、子どもの勉強に取り組む姿勢が変わってきた」

「『はみがきよし』は親が忘れていたことばかり。やってみると自分が勉強になる」

時折、講演を聞いてくださった方から、このようなお手紙やメールを頂戴することから考えても、試してみて損はない方法と言えるのではないだろうか。

まず、「は」（＝話す）だが、これまでにも述べてきたように、ママと子どもはしっかり会話をすることだ。

毎年実施されている文部科学省の全国学力テストの調査結果を見ると、親子の会話がしっかりできている家庭の子どものほうが正答率は明らかに高くなっている。

会話は、子どもの思考力や表現力を育むばかりでなく、子どもの気持ちを安定させる効果もあるので、特にママは、子どもといろいろな話をすることを日課としていただきたい。

続いて、「み」（＝見る）や「が」（＝書く）も、ママと子どもで一緒にやると効果が大きい。

博物館や美術館などで本物を見せる、ニュースで話題になった場所などに連れ出してみる、さらには、そこで得た印象を親子で文章に書いてみるなどすれば、子どもの視野が広がると同時に、表現力も養われるので相乗効果が高い。

また、「き」（＝聞く）は、子どもの話にじっくり耳を傾けることで、子どもの本音を引き出したり、子どもに（ママは僕の話をちゃんと聞いてくれる）という安心感を与えたりするうえで重要な行為になるし、「よ」（＝読む）は、ママと子どもで本や新聞を読むことによって、思考力、表現力、想像力といった学力につなげることができるものだ。

最後の「し」（＝調べる）も、安易にウェブ検索で答えを探そうとせず、あえて時間をかけ、事典や辞書で調べさせてみることによって、「努力なくして成果は得られない」（＝努力すれば必ず答えは見つかる）ということを、子どもに体感させることができるだろう。

このように、「はみがきよし」のひらがな六文字には、子どもを頭のいい子にするエッセンスが含まれている。是非、皆さんの家庭でも今日から試してもらいたい。

第5章

# 働いているからこそできるママの習慣

# 49 ママは自分の仕事について語ろう

「私は仕事を持っているので、子どものケアが十分にできない」

このようにこぼすママが増えている。

事実、財団法人こども未来財団が実施した「子育てに関する意識調査」（二〇〇七年二月発表）では、専業主婦の八割近くが、平日に十二時間以上、子どもと過ごす時間があるのに対し、フルタイムで仕事を持っているママの約半数が、「二時間から四時間未満」と回答していることが明らかになっている。

ママの中には、子どもが小学生になり手がかからなくなると働き始めるケースが多い。そうでなくとも、女性の社会進出という時代背景や、景気の低迷で、少しでも家計の足しにと考えるママが増えているという社会事情もあるだろう。

いずれにしても、正社員や契約社員として企業や団体で仕事をしていると、早く帰宅して子どもの勉強の手ほどきをしたくても、その時間は容易にはとれない。

しかしながら、私は、仕事を持っているママたちには、

「むしろ、共働きのご家庭のほうが、うまくいくことが多いんですよ」

とアドバイスをするようにしている。

それはなぜだろうか。

専業主婦の場合は、子育てをほぼ一人で担っているために、ついパーフェクトを求めてしまい、要らぬストレスを抱えるケースが多々ある。

「私が子どもたちのケアをしているんだから、私のせいで落ちこぼれるなどということがあってはならない」

と力んでしまう。また、気持ちが切り替わらないので、仕事を持っているママ以上に孤立感にさいなまれるケースも多い。

逆に仕事を持っていると、どうしても平日のケアが十分にはできなくなるので、ある程度、開き直ることができる。

育児も家事も十分にできないことが当たり前と割り切るしかないので、堂々と夫からのサポートはもちろん、子どもにも協力を求めることができる。

たとえば、働いていると、子どもを習い事などの場所へ送迎することが難しく、夕食ですら、手抜きをしてしまうことが増えるが、

「ママは家族のために一生懸命頑張っているからね。ごめんね」

などと語ることで、子どもも働かなければならない母親の立場や、それでも自分

のことを気遣ってくれる愛情を理解するようになる。

さらに言えば、仕事を持つママには、子どもに、「何のために働いているのか」「お金を稼ぐとはどういうことか」「世の中の役に立つことはいかに重要なことか」など、生きていくうえで指針となる教えを、身をもって示せる強みがある。

「ママはね、街づくりのお仕事が大好きなの。誰もが安心して住める街を作るのが夢なんだ……」

「○○ちゃんが大きくなって、大学に行きたいって思うとき、好きなところで勉強できるように、お金を貯めているのよ」

などと語れば、子どもも職業観が芽生え、夢を持つようになるし、友だちが持っている新機種のゲームや新しい携帯電話を見て（私もほしいな）と思っても、がまんするようになるかもしれない。

ときにはママの職場を見せたり、仕事での苦労話をしたりしながら、

「ママは絶対にあきらめないからね」

「○○ちゃんのことも、お仕事のことも両方頑張っちゃうからね」

このように語りかけ、子どもに生き方のモデルを見せれば、子どもはママの姿から多くのことを学ぶはずだ。

# 50 「世の中」についてママの考えを伝えよう

博報堂生活総合研究所が、日本の家族に関する興味深い調査を実施したことがある。

「保温家族の時代へ」というキャッチコピーが踊る「日本の家族20年変化」調査（二〇〇九年四月発表）によれば、「意識して家族の絆《きずな》を深めるようなことをしたほうがいい」という人が、二十年前に比べ、夫で一九ポイント、妻で一二ポイントも増えているのだ。

この調査では、家族一緒にテレビを見るとか、誕生日など家族の記念日をみんなで祝うという人の割合も増えていて、家族ならではの心地よさを意識して保持しようとする風潮がうかがえる。

これは、子どもの学力をアップさせるうえでとてもいい傾向だと思うが、他にも、このところの親子関係の改善を裏付ける調査結果は多い。その一例が次のものだ。

◆Benesse教育研究開発センター「第二回子ども生活実態基本調査」(二〇〇九年調査、数字は小学四～六年生対象のもので、「よく話をする」と答えた割合を抜粋)

◎あなたは次のようなことについて、お母さんとどのくらい話しますか?

・学校での出来事……………二〇〇四年＝四八・八％ 二〇〇九年＝五七・〇％

・将来や進路について………二〇〇四年＝二三・〇％ 二〇〇九年＝二五・三％

・社会の出来事やニュース……二〇〇四年＝二一・〇％ 二〇〇九年＝二三・一％

これらの数字を見ると、五年前の「第一回調査」に比べ、ママと子どもの対話が増えていることがわかる。

この調査では、パパと子どもの対話も増えているのだが、私は、親子の対話が増えていることは、家庭の教育力アップにつながるものとして歓迎すべきことだと思う。

さて、問題は何を話すかだ。

特に仕事を持っていて、専業主婦のママよりは子どもと触れ合う時間が少ないママが、どんな話をするかはとても重要なことだ。

私は、先の項で述べた「仕事についての話」と同様、ママのフィルターを通して見た「世の中」について、子どもに語ってやることこそ、仕事を持っているママのアドバンテージになるように思うのだ。

Ｂｅｎｅｓｓｅ教育研究開発センターの調査項目で言えば、「学校での出来事」に比べ、ママと子どもで語る割合が低い「将来や進路について」や、「社会の出来事やニュース」についてである。

私は以前、本書の姉妹編である『頭のいい子が育つパパの習慣』の中で、「パパは社会を教えるニュースキャスターになろう」と述べたが、仕事を持つママであれば、パパと同様、いや、パパとは別の視点で「世の中」をとらえ、将来に向けたアドバイスや社会の動きについての説明をすることが可能になる。

「ママの会社では中国語ができる学生を採用するようになったの。これからは英語だけじゃなくって、中国語ができれば理想よね」

「物価が下がるとママの会社の商品も価格を下げなきゃいけなくなり、儲《もう》からなくなるの。そうするとお給料も下がるでしょ？　これがデフレの悪いところね」

日常会話の中で、あるいは、母子一緒にテレビでニュースなどを見ながら、このような話ができれば、そういう話をまったくしない家庭よりははるかに、子どもの目は社会へ向けられることになるだろう。

このことは、直接、テストの点数に跳ね返ってくるものではない。しかし、長い目で見ると、子どもの自立を促し、トータルな意味で頭のいい子に育てるための一助となることだろう。

# 51 正しい金銭感覚を植えつけよう

仕事を持っているママだからこそ説得力を増すのが、お金に関しての子どもとの対話だ。

私が取材してきた家庭の中には、子どもの携帯電話代が月に何万円もかかっているのに黙認している家庭もあれば、小学生の子どもにポンと数万円のお小遣いを渡したり、ブランドものの高価な製品を簡単に買い与えたりしているようなリッチな家庭もある。

個々の家庭の方針に口を出すつもりはないが、これでは、どんなに学校での成績がよくても、そして、難関と言われる国立や私立の有名中学に進学しても、本当の意味で頭のいい子にはならないのではないかと思うのだ。

家計にゆとりがあろうが、なかろうが、正しい金銭感覚を植えつけることは、子どもの自立を促すうえで、あるいは、品格のある子に育てるうえで、基本となるものだと考えるのだ。

そこで、働くママの出番である。

働くママは、正社員であれ、派遣社員であれ、そしてパートタイムの従業員であれ、お金の価値を身に染みて感じているはずだ。

「一〇〇〇円稼ぐのに、ママはどれくらい働けばいいと思う?」

「お金って、楽をして稼ごうとするといいことは一つもないのよ。ママもそうだけど、一生懸命お仕事をして得るというのが、とても大切なことなの」

日常会話でお金の話が出たり、テレビや新聞で「株で大儲《おおもう》け(大損)」などのニュースを見聞きした際、こんなふうに話して聞かせれば、普段、仕事をしている分、専業主婦のママ以上に、説得力を持って子どもに伝わることだろう。

何も家計の事情を子どもにすべてオープンにする必要はないが、

「生活は楽じゃないけど、塾代くらいパパとママで何とかするから」

「少しでもお給料が上がったら、どこか家族で旅行に行こうね」

このように正直に話すべきところは話しておこう。

すべての家庭に共通することだが、ママの金銭感覚や経済観念は、子どもに少なからず影響を与える。

裕福でもおごらず、また、家計が苦しい場合でも、それをプラスに変えられるような言い方で子どもには接したいものだ。

日々の暮らしで言えば、月々のお小遣いは、「ひと月いくら」の定額制にしておきたい。

子どもには、その範囲内でやり繰りさせ、足りなくなっても「しょうがないわね」などと言って追加のお金を与えないことだ。

たとえば、ひと月五〇〇円のお小遣いをもらっている子どもが、七〇〇円のものをどうしても欲しいと言ってきた場合、安易に不足分の二〇〇円を渡さず、来月までがまんさせよう。

三〇〇〇円する商品を欲しがったとしたら、少なくとも半年の間待って、貯めることを教えよう。

「一番、欲しいものは何？　ゲーム？　それはいくらするの？」

「どうして、それが欲しいの？」

このように聞いたうえで、

「あと〇〇円、自分で貯めることができて、本当に必要なものなら買っていいよ」

などと話して聞かせよう。

こうすることによって、子どもは、欲しいものがあっても簡単には手に入らないことや手に入れるには自分で努力することが必要であると学ぶ。

また、すぐに買いたかったものをがまんして貯金しているうちに、(本当に欲しかったのはこれではない。あれだ)と気づくようにもなるだろう。

祖父母などから子どもにしては大金のお年玉をもらった場合でも、それを本人に持たせるのではなく、子ども名義で銀行に預け、

「いつかどうしても必要なものが出てきたとき、これを使いなさい」

などと話し、蓄えることの大切さも植えつけておこう。

そうすることによって、子どもは計画性を持ってお金を使うようになるし、お金の尊さを肌で感じるようになる。

ただ、子どもにがまんさせ、貯金を奨励する以上、ママ自身も自分が欲しいと思ったものを衝動買いしないように気をつけなければならなくなるのが辛いところだ。

働くママの中には、自分の収入を余剰金と考え、あまり気にせず使う方もいるとは思うが、

「○○ちゃんもお金を貯めて買おうとしているんだから、ママも貯めるね」

このように、親もがまんしたり踏みとどまったりする姿を見せてほしい。

## 52 明るく成功談と失敗談を語ろう

「万策尽きても、『あきらめない』っていう選択肢があるじゃないかといつも思うようにしているんです。今は辛いかもしれないけど、『辛い』という文字に一本足せば、『幸い』という字になるじゃないですか。だから僕はピンチを背負ってもあきらめないことにしているんです」

埼玉西武ライオンズに入団した菊池雄星投手が、私が担当するラジオ番組で語ってくれた言葉である。聞けば、「あきらめない」は、母校である岩手・花巻東高の監督の口ぐせだそうである。

私は、この気持ちを、特に仕事を持っているママには、子どもに植えつけていただきたいと思っている。

文部科学省が二〇〇七年に実施した「全国学力・学習状況調査」では、算数や国語で難しい問題にぶつかったとき、「あきらめる子」と「あきらめないで解く努力をする子」との正答率の差が、算数で二〇点近く、国語でも一〇点以上ついたことが明らかになった。

この開きは、単にテストの点数の差に留まらず、大人へと成長していく中で決定的な意識の差となって現れていく。

子どもは難しい問題に直面すると、「もう、やーめた」とか「だってわかんないんだもん」を連発するものだが、そんなとき、ママの職場での成功体験を明るく語って聞かせてみるのだ。

「この間ね、ママだけ売り上げが上がらなくて大ピンチだったの。でもね、前に商品を買っていただいたことがあるお客さんに一人ひとり当たって、新商品の良さを一生懸命説明したら結構買ってもらえて、いきなりトップになっちゃったわ。もうびっくりよ」

第1章でも述べたように、「○○したら○○できた」という成功談を、楽しそうに語れば、子どもは、表面的には（うるさいなあ）とか（ママと僕の場合は違うよ）といった顔をするかもしれないが、反面、（そういうものか）と得心したり、（じゃあ、やってみるか）と思い直したりする可能性が高い。

成功談だけでなく、失敗談を明るく語ることも大切だ。

小学校低学年あたりまでの子どもは特に、親は何でもでき、何でもわかっていると思い込んでいるものだ。

それだけに、子どもは、何かで失敗すると（親には言えない）と感じ、親に報告するのをためらったり、隠そうとしたりもするので、

（はは一ん、これは何か隠しているな）

そんなふうに察しがついたときは、ママが先に、子ども時代の話はもちろん、職場での失敗体験を明るく語ってみることをおすすめしたい。

たとえば、友だちと何かトラブルがあったなと思えるときは、

「ママね、会社で大っ嫌いな女性社員がいたの。『同じ空気を吸うのも嫌』って感じ。ところが、ママのミスをカバーしてくれたのが彼女だった。実はとても優しい人だったのね。その人のことをよく知らないで嫌ったりしちゃいけないって思ったわ」

また、テストの結果が悪かったなと察したときも、

「仕事で大失敗したとき、思い切って部長に話したら、叱られるどころか、『大事なのはそれを次にどう生かすかだよ』と言ってくれて気持ちがすごく楽になったよ」

こんなふうに語れば、子どもの心の中に、

（ママだって同じように失敗をしてきたんだ。でも、それで大丈夫なんだ）

という安心感が拡がる。

浮かない表情をしていたのがパッと明るくなるかもしれないし、失敗を恐れず、どんどんチャレンジしていこうとする気持ちも芽生えてくるかもしれない。

# 53 「ママのお手伝い」が自立への扉を開ける

学校や塾の関係者を取材する中で、よく耳にするのが、「家の手伝いをきちんとできる子どもの学力は高い」という言葉だ。

それは、責任感をはじめ、「どういう手順ですれば効率的か」「周囲に貢献したいが、そのために自分にできることは何か」を考える習慣が、お手伝いを通じて身についていくからだという。

実際、Ｂｅｎｅｓｓｅ教育研究開発センターが、成人後の仕事に関する能力と子ども時代の体験の相関関係を調べた「若者の仕事生活実態調査」（二〇〇六年）でも、注目すべき結果が出ている。

この調査は、調査を受けた人が自己評価として回答したものだが、子ども時代に家事手伝いをたくさんしたという経験を持つ人は、

・自分の考えをわかりやすく説明できる
・自分の感情を上手にコントロールできる

・自分から率先して行動することができる

といった能力が身についたと回答した割合が高かったのだ。これは、本来なら主にママが担当する家事を手伝うという習慣によって培われた副産物ではないかと思うのだ。

つまり、忙しいママが子どもに家事を手伝ってもらうことは、学力を伸ばし、思考力や表現力、感情抑制力や自立性を高めるうえで大いにプラスになるということだ。

次の五つの項目をあらためてチェックしてみていただきたい。

・ゴミ出しを子どもにさせることがあるか？
・家のお手伝いを、頻繁に子どもにさせているか？
・机の上の整理を子ども自身にやらせているか？
・ランドセルやカバンの中身を子どもに整理させているか？
・上履きを子ども自身に洗わせているか？

このうち、「ゴミ出し」を例に述べてみよう。

ママがあらかじめ分別し、袋に入れたものをゴミ置き場に運ぶのは「ゴミ出し」とは言わない。単にゴミ袋の移動にすぎない。

子どもがまだ五歳〜七歳頃までであれば、それだけでも「えらいね」「助かったよ」とほめていただきたいが、可燃か不燃かに分けて袋に入れ、キッチンのドロドロとした生ゴミもきれいに始末できてこそ、はじめてお手伝いと言える。

食事のお手伝い、洗濯物を干したり取り入れたりすること、それに庭の雑草取りなどを含め、お手伝いをさせる以上、「自分でやったほうが早い」などと言わず、最初から最後まで、ある程度は任せ、責任を持たせよう。

そのことは、子どもにとって自信になり、「家族の一員」としての自覚を芽生えさせ、生きる力にもつながっていく。

考えてみれば、子どもが抱いている「憧れの学校に入りたい」とか「大きくなったら〇〇になりたい」といった夢は、やりたいことをやってかなうものではなく、やらなければならないことを積み重ねていくことで実現するものだ。

第1章でも触れたが、コツコツ、継続してやることの大切さを教える意味でも、子どもには、身の回りのことはもとより、家事もどんどん手伝わせてみてはどうだろう。そうすれば、ママ自身、楽ができ、子どもも頭のいい子になる。

# 54 子どもに複数の用事を言いつけよう

職場で、周囲から「あの人はできる」と思われている人を観察してみると、複数の重要な案件を手際よくこなし、実績を積み重ねていることに気づかされる。

その人にとっては、複数の案件を並行して処理することが当たり前になっているので、口では「忙しい」とこぼしながらも、その実、淡々とこなしているのだ。

子どもを頭のいい子にするうえでも、このことは応用できる。

先ほどのお手伝いで言えば、子どもに何かを頼むとき、一つではなく二つ以上の作業を一度に頼んでみるのだ。これがうまくいけば、特に仕事を持っているママにとっては、自分を楽にし、子どもも伸ばせる一石二鳥のメソッドになる。

たとえば、子どもがまだ小学校低学年であれば、

「お向かいのコンビニエンスストアで、アイスクリーム三個と小麦粉を買ってきて」

と頼んでみよう。

これだけでも、子どもは、ママから渡された千円札を握りしめ、その中で足りるように、アイスクリームと小麦粉のどちらから買うべきか、もし小麦粉を優先する

なら、残ったお金でいくらのアイスクリームを買おうか、考えることになる。

子どもがもう少し成長すれば、さらに複雑な頼み方ができるだろう。

「ピアノのお稽古の後でも先でもいいから、教室近くのスーパーで食パンとバナナを買っておいてくれないかな。帰ってきたら、宿題の仕上げと庭の花への水やりを忘れないでね」

このように頼むと、子どもは、言われたことを記憶するのに必死になるほか、（お稽古の前に食パンやバナナを買うと荷物になる。じゃあスーパーはあと回しだ）（水やりは暗くなる前にしたほうがいいかな。家に帰ったら水やりからしよう）

こんなふうに、優先順位や手順、効率などを思案するようになる。

ママから持たされたお金が足りない場合は、（食パンかバナナか）を冷蔵庫の中身を想像しながら択一するようになるし、空模様が怪しければ、花への水やりそのものを、子どもの判断で取りやめることもできるようになる。

最初は何かを忘れてしまうこともあるだろうが、しだいに二つや三つ程度なら簡単にこなすようになるので、是非、試してみていただきたい。

ママが複数の用事を言いつける習慣は、子どもにとって、やがて部活動と勉強との両立、さらには、仕事と家庭との両立などの面で生きてくることだろう。

# 55 「一人は皆のために」の精神でいこう！

「家族間で助け合ってきた子どもは、組織の中でもリーダーシップがあり、部活動などでも後輩の面倒見がいい。勉強面も集中して辛抱強く取り組む子どもが多いので、入学してからの伸びシロが大きいように思います」

これは、ある有名私立中学関係者の言葉である。また別の関係者も、「自立が早く、精神的なタフさがある」と語っている。

私もこれまで、共働き世帯の子どもを数多く取材してきたので、これらはきわめて的を射ている指摘だと思う。

次の調査結果を見てほしい。

**◆財団法人こども未来財団「子育てに関する意識調査」**（二〇〇七年調査から抜粋）

◎パートナーと「一緒に子育てしている」と感じるのに必要なこと

・自分もパートナーも同じように子育てをする時間を持つこと

専業主婦＝三三・七％　パート＝三六・八％　共働き＝四三・〇％

・自分もパートナーも同じように子育ての面白さや大変さを知ること
　専業主婦＝四六・一％　パート＝四七・三％　共働き＝四五・〇％

この調査結果を見ると、子育ての「時間」に関しては、専業主婦より、仕事を持っているママのほうが、パートナー（夫）にも同様の負担を求める割合が高く、子育ての面白さや大変さについては、仕事の有無にかかわらず、半数近いママが、パートナー（夫）にも同じように負担を求めていることがうかがえる。

それだけ、家事をしながらの子育ては重労働ということであり、ワーキングマザーにとってはさらに負荷がかかる問題だということだ。

だとすれば、家庭内で、ママの負担を分担し、パパも含めて、子どもたちも一家の一員としてそれぞれの役割を果たすという家庭文化の醸成が急務になる。

言うなれば、ラグビーなどの球技でいう、「Ｏｎｅ　Ｆｏｒ　Ａｌｌ」（＝一人は皆のために）の精神である。

◎『Ｏｎｅ　Ｆｏｒ　Ａｌｌ』の精神で家事を分担する例

・夕食当番を決める（＝火曜と木曜だけは、パパと子どもたちで担当。あとの

曜日は残業などない限りママ）

・ゴミ出し、トイレ掃除、玄関の清掃は輪番制（＝第一週はパパ、第二週はママ、第三週は長女、第四週は長男）

・お風呂掃除、お湯を入れる（＝当日、比較的手が空いている人が率先してやる）

このように、ざっとでもルールを決めておくといい。

もちろん、パパやママには、予想していなかった残業や出張、不意の飲み会などがあり、子どもたちにも、大量の宿題をこなさなければならない日や習い事で遅くなる日などがあるので、ルーティンどおりいかない日もあるだろう。

そういうときこそ、お互いに助け合う習慣があれば、家族の結束力が強くなり、子どもたちも「家族の一員」という自覚を持って成長していくはずだ。

「ないものを嘆くな。あるものを活かせ」

これはパラリンピックの精神だが、ママが仕事をしている以上、勉強の手ほどき、習い事への送迎、それに日々の食事作りなど、満足にできないことは多い。

しかしその分、家族の手を借りて「一人は皆のために」という習慣を定着させれば、子どもはしっかりした子へと成長するはずだ。

# 56 子どもに遠慮せず迷惑をかけよう

テレビのCMで、仕事を持っているママが、子どもの野球の試合の最後にようやく間に合って駆けつけるシーンを見たことがある。

打席に入る前、観客席にママがいないか確認する子ども。しかし、姿を確認できず、一瞬残念そうな表情を浮かべるものの、気を取り直してホームランをかっ飛ばし、そこにちょうど、ママが仕事を終えて駆けつけるというシーンだ。

わが子の会心の一発に何とか間に合いガッツポーズを送るママ。ホームベースを踏みながら満面の笑みで応える子ども……。ママと子どもの絆を感じさせられる、いいCMだと感じたものだ。

これは間に合ったケースだが、私は、たとえ間に合わなくても、駆けつけることに意義があると思っている。

もっと言えば、駆けつけられなくても、駆けつけようとした気持ちを語るだけで十分だと思うのだ。

仕事だけでなく、子育てでも満点ママを目指そうとすると、物理的にも精神的にも相当きつくなる。

「日頃の疲れで寝坊してしまい、朝ご飯も作ってあげられないまま、子どもを送り出したとき、泣きそうになりました」

「参観日や音楽会など平日デイタイムにある学校行事にはほとんど出席できません。子どもたちには哀しい思いをさせているのではないか、仕事を辞めるべきなのではないかといつも悩んでいました」

有名中学合格者の家庭を取材していると、時折、こんな声に出くわすが、

「今朝はママが寝坊して、朝ご飯も作れなくってごめんね。今度の土曜にとってきのご馳走作るからね」

「いつもママがいなくてごめんね。ママはずっと、『今日の参観日、淋しい気持ちになっていないかな』って心配だったよ。運動会だけは絶対に行くからね」

こんなふうに、ママの偽らざる気持ちを伝えられればいいのだと思っている。

実際、ママがフルタイムで働いているという家庭の子どもに聞いてみると、案外、あっさりしているものだ。

「前からずっとそうだから、別に淋しくなんかない」

「私もママみたいに仕事をしたいので、えらいと思います」

こんな答えが返ってくる。

前述したように、ママがなぜ働いているのかを伝え、仕事をしていてもママは子どものことを一番に思っていることさえ理解させておけば、遠慮せず子どもに迷惑をかけていいのではないだろうか。

もっとも、平日は深夜帰宅が当たり前、休日も休めるかどうかわからないといった職場に身を置いているママは、子どものために何かを犠牲にしなければならないケースも出てくる。

・アフターファイブの飲み会には行かない
・早番、遅番があるなら、自分が仕事をしやすい時間の勤務にしてもらう
・新規プロジェクトを任されそうになった場合、(チャンスだ) と思っても断る

仕事と子育てを両立させるなら、ときには開き直りや割り切りも必要になる。言うなれば、「あれもこれも」から「あれかこれか」の選択をするということだ。

働くこと自体はあきらめず、何か一つだけサボる、捨てるという作戦で、働き方を、子どもが小学校を卒業するまでの一時期だけでも変えてみてはどうだろう。

# 57 子どもの「夢友」を作ろう

アスリートが一人で自主トレーニングをやるケースは少ない。チームメートやコーチなどと複数で合宿に入り調整するケースがほとんどだ。

現役時代、つねに二人以上で自主トレを行っていたある野球解説者によれば、「一人でやると、『疲れた』『しんどくなった』を理由にすぐ辞めちゃうから」というのが大きな理由だそうだ。

中には、一人で山ごもりするような選手もいるが、サッカーにしろ、陸上にしろ、複数でトレーニングをする選手が多いのは、二人以上いると、孤独感がなく、他の選手の頑張りに刺激を受け、前向きな気持ちになれるからではないだろうか。

これは、仕事を持っているママも応用できる方法である。

仕事に追われていると、どうしても子どもの勉強の手ほどきや日々の対話が手薄になってしまう。

だからといってそのままにしておくと、「食べる」「寝る」「遊ぶ」が本業の子どもは、これといった夢や目標を持たず、毎日を適当に流して生活してしまう恐れもある。

そこで、子どもと同じような夢を持った友だちと一緒に頑張らせるという状況を作り出しておくのだ。言い換えれば、「夢友」を作るのである。

私がこれまで取材を続けてきた中学受験で言うなら、どこの塾にも通っていなかったという合格者はほとんどいない。

彼（彼女）らが塾通いするメリットは、志望校の出題傾向に合わせ、学力をアップさせることができるということだが、それともう一つ、合格という目標に向かって、同じように頑張っている仲間が得られるということもあるのだ。言うなれば、戦友のようなイメージである。

子ども同士であれば、身近な目標になり、悩みを実感として共有できる。それでいてお互いに「負けたくない」という気持ちにもなりやすい。

勉強にしろ、少年野球やピアノにしろ、いい仲間、いいライバルが存在すれば、何といっても子どものモチベーションが違ってくるので、ママは、子どもと気の合う友だちの中から、これは、と思う子を見つけ、その子のママとも仲良くなっておこう。

妻が働きに出ているわが家の場合も、娘には、いい仲間、「夢友」が存在する。

「○○ちゃんとは一番の仲良しでライバル。負けないようにしないと」

「○○ちゃんは東大狙いなんだって。私も勉強して東大に行きたい」

どこまで本気かわからないが、そんなことを言い始めたのは、自分より成績が上の友だちの存在が背中を押しているのだ。

こうなれば、ママが口を出さなくても、友だちに引っ張られて頑張るようになるので、仕事を持つママは、まず、子どもの「夢友」を作り、あとは、その友情が長く、そしていい形で続くよう応援してあげてほしい。

## 58 職場からの電話や一つのメッセージが、子どもも心に響く

私が身を置いているマスメディアの世界は、ラジオ局であれテレビ局であれ、また新聞社や出版社であれ、超多忙というイメージがそのままあてはまる職場である。

事務的なセクションを除き、時間は不規則、大幅な残業は当たり前という職場なのだが、案外、仕事と子育てを両立できているママ社員は多い。

そのポイントは、職場からの電話やメールだ。

第２章で述べたように、近頃の子どもは小学生であっても携帯電話を所持している子が多い。専用の携帯電話を持っていない子でも、パソコンは大人以上に習熟し、メール交換など朝飯前という子がほとんどだ。

そのリスクについては前述したとおりだが、これをうまく使えば、働くママと子どもとのホットラインになる。

「ママ、残業で帰宅が深夜になっちゃうへ。冷蔵庫にきのうの残りがあるから、パパとチンして食べて！　明日は○○ちゃんの大好物のシチューを作るから」

「リレーの選手決め、どうだった？　今日はまだ仕事が終わらなくて遅くなるけど、明日、選ばれていたらお祝い会、ダメでも残念会をやろうね！　愛してるよ♥」

このように、仕事の合間を縫って、「ママはあなたのことを大切に思っているよ」という気持ちが伝わるメールを送ればいいのだ。

これはパパにもあてはまることだが、「帰りが遅くなる」や「先に夕飯を済ませといて」といった事務的なメールで終わらせないことが重要だ。

特に、「今日、帰ったら〇〇しようね」と約束しておきながら、思いがけず仕事が長引き、その約束を果たせそうにないときや、発表会やテストなど、子どもにとって大きなイベントがあった日などは、そのことを気にかけていたことをメールできちんと伝えておこう。

ママの帰宅が遅いのは、子どもにとって残念なことに違いないが、心のこもったメッセージが届けば、子どもも、（ママは僕のことを気にかけてくれている）（ママは私のことを一番に思ってくれている）と感じてくれるはずだ。

もちろん、メールよりも他の方法が効果的な場合もある。

たとえば、宿泊を伴う出張で家を留守にするときや、出張が長期に及ぶような場合である。

一泊程度の出張であれば、出張先から子どもに電話をかけてみよう。

「ママね、今、福岡空港に着いたところ。天気？　曇りだけど東京より少し温かいかな？　明日は博多ラーメンと明太子買って帰るから待っててね」

「〇〇ちゃん？　ママ、ようやく仕事が終わってホテルに戻ってきたところ。明日、お土産買って帰るからね。何がいい？　楽天イーグルスのグッズ？　了解」

わずか数分のやりとりでも子どもは嬉しいものだ。お土産の話まで出せば、今日、ママがいない淋しさが、明日には会える楽しみに変わることだろう。

数日間にわたって留守にする場合、絵はがきを送るという手もある。

メール全盛の今、絵はがきが届くと子どももびっくりするだろうが、それは、メールでメッセージを送るよりも子どもにとっては嬉しいサプライズになる。

また、絵はがきは、国内外を問わず、子どもの想像力を高める。

（絵はがきにはきれいな海が写っているけど、沖縄ってどんなところなんだろう）

（高いビルが写っているニューヨーク。アメリカ……一度行ってみたいなあ）

出張先で仕事をしているママに思いを馳《は》せながら、ママが滞在している地域や国にも興味を持ってくれれば、これこそ一石二鳥である。

# 59 寝る前のわずかな時間を、濃い時間にしよう

「もっと遊んでほしかったし、いろんなところに行きたかった」

「学校の話とか、もっと聞いてほしかった。参観日にはいつも来てほしかった」

これらは、有名中学合格者を取材する中で聞かれた、ママが仕事を持っている家庭の子どもたちの本音である。

どのママも、まだ小学生の子どもに受験というプレッシャーを与えたうえ、淋しい思いをさせるのはよくないと、できる限り子どもとの時間を確保すべく努力してきたママたちである。それでもやはり、子どもは、淋しさや不満を感じているのだ。

中学受験をする、しないにかかわらず、こういう家庭は全国にかなりあると思うが、私が仕事を持っている全国の母親に申し上げたいのは、「ママと子どもの特別な時間を作ってほしい」ということに尽きる。

いくつかポイントを挙げてみよう。

第一のポイントは、少ない接触時間を濃い時間にすることだ。

◎平均して夕方六時頃には帰宅できるママの場合

・六時〜七時……夕食の準備をしながら、宿題や子どもの勉強を見てやる
　習い事をさせているなら、その教室へ送り、教室へ行っている間、夕食の準備をする
・七時〜八時……子どもの話に耳を傾けながら夕食
　習い事の教室へ迎えに行き、帰宅後、家族で夕食
・八時〜九時……子どもと一緒に後片づけ。その後、ママと子どもで入浴
・九時〜十時……ママと子どもでテレビを見る、あるいは、少し遊んでから一緒に布団に入る。子どもは十時までに就寝

平均帰宅時間がもっと遅いママは、夕食以降のスケジュールがきつくなるが、食事中、お風呂の中、布団の中の時間を利用して、子どもと話をする習慣を持とう。

中国・北宋時代の政治家で詩人の欧陽修《おうようしゅう》は、いい考えが浮かぶ場所として、「馬上、枕上《ちんじょう》、厠上《しじょう》」の「三上」をあげている。

それになぞらえて言えば、子どもにとってもママにとっても、心身がほぐれる食事中やお風呂の中、それに布団の中を加えた「三中」は、子どもが悩みや相談事な

どを吐露しやすく、ママも落ち着いて話に耳を傾けられる時空である。

子どもと長時間接していられない分、ここぞ、という時間と空間を子どもとの大切なひとときにしたいものだ。

二つめのポイントは、休みの日に思いっきりママになることだ。

お弁当を作って、子どもと一緒に近くの大きめの公園にピクニックに行くのもいい。近くにあるショッピングモールで買い物をするのもいいだろう。

キッチンで一緒にお菓子作りをしたり、近くにサイエンスラボや発明クラブなどがあれば、ともに参加してみたり、あるいは、自治体などが主催する農業体験に加わったりと、ママと子ども、もしくはパパも交え、楽しい時間を過ごしてみよう。

子どもの小学生時代は二度と帰らない。

中学に入ると、子どもはしだいに親離れし、ほぼ確実に友だちとの遊びやクラブ活動を優先するようになるので、「連れ回せるのは今のうち」と考え、特別な時間を楽しもう。

そしてもう一つのポイントは、夫であるパパとの時間も、子どもとのコミュニケーションと同じくらい大切にするということだ。

◆明治安田生命「いい夫婦の日に関するアンケート」（二〇〇八年）

◎夫婦の平日の会話時間

・〇分　三・三％
・一分～三十分未満　二三・一％
・三十分～一時間未満　二八・六％
・一時間～二時間未満　二〇・九％
・二時間以上　二五・一％

データを見てわかるように、平日に夫婦の会話が三十分もないという人の割合が全体の四分の一を占めている。

この調査によれば、夫婦の会話が三十分未満の場合、「十分、愛情を感じている」と答えた夫や妻の割合は、夫で一五・二％、妻で九・七％ときわめて低く、これが三十分以上になると、夫婦ともに四〇％台まで増えている。

夫婦円満は子どもの気持ちを安定させる基盤であり、ひいては頭のいい子に育てる必要条件なので、共働きで時間がない中でも、お互いにコミュニケーションをとって、明るい家庭環境をキープしていただきたい。

# 60 ママも堂々と将来への夢を持とう

厚生労働省が二〇〇三年にまとめた「二一世紀出生児縦断調査」によれば、ワーキングマザーが子育てで負担に思うことの第一位は、「自分の自由な時間が持てない」ことだそうだ。

驚いたことに、「仕事や家事が十分にできない」や「子育てによる疲労が大きい」といった項目よりも上にランクされている。

この調査は、あくまで幼い子どもを持つママを対象にしたものだが、私は、この傾向は、小学生を持つママにもあてはまるのではないかと思う。

仕事と子育てを両立させようとすると、どうしても自分の趣味や自由な時間を犠牲にせざるをえない。そうするとストレスが溜まる。ストレスが溜まれば、子どもの態度や成績に、ついカッとなったり、イライラが表情に出たりする。

こうした負のスパイラルに陥らないためにおすすめしたいのが、ママ自身が将来への夢を持ち、毎日をいきいきと過ごすということだ。

夢はどんな夢でもいい。

私が四六歳で入学した早稲田大学の大学院には、今も、子育て中で、しかも仕事を持っているママたちが何人も通っている。

仕事と子育ての両立でさえ大変なのに、大学院に通うとなると相当な負荷がかかるが、彼女たちは、「社会に貢献できるＮＰＯを立ち上げたい」「市議会議員になりたい」「学び直して四十歳以降の人生を考えたい」など、さまざまな夢を持っているので、とても輝いて見えたものだ。

もちろん、夫や子どもたちの理解があってのことだが、どんなジャンルでもいいので、ママだっていろいろな夢を持ち、自分だけの自由な時間を確保したっていいと思うのだ。

これまで取材してきた有名中学合格者の家庭でも、趣味をきわめる、資格を取る、語学をマスターするなど、夢への時間割を生きているママがいたが、多くの場合、「元気なママを見ているほうがいいから、好きなことしたほうがいいんじゃない？」と子どもたちも容認している。

確かにママがいきいきしていると家庭全体が明るくなる。子どもたちも、ママの姿を見ながら前向きな気持ちになれたりする。

つまり、ママが夢を持ち、その実現に時間を割くことは、子どもたちにとってマ

イナスに働くどころかプラスに作用するケースが多いので、

「働いている分、自分の趣味なんて言ってないで子どもと向き合わないと……」

こんなふうに思い詰めず、毎日三十分でも、週に一回でも、あるいは月に数回であっても、自分だけの時間を謳歌《おうか》していただきたい。

具体的に何かにつながらなくても、息抜きの範疇《はんちゅう》で終わってしまったっていい。主婦業だけでも重労働のママにとって気分転換になることだろう。

ママが夢を持つことで、家族全員が夢に向かって生きるという文化が家庭内に醸成されればなおいい。

子どもに向かって、

「夢を持ちなさい。夢を持ったらそれに向かって努力しなさい」

などと口やかましく言うより、家族みんなが互いの夢を応援し合う環境が生まれれば、子どもへのプラス効果はさらに大きくなる。

それぞれの夢や目標を日常的に口に出したり、カレンダーに書き込んだりすることによって、

「私も頑張るから、ママもパパも頑張ってね」

子どもからこんなセリフが飛び出すようになったらしめたものだ。

# あとがき

産経新聞のオピニオン欄に興味深い記事が掲載されたことがある。私自身、ラジオ番組で何度かご一緒させていただいた、新渡戸《にとべ》文化短期大学学長で医師の中原英臣さんによるコラムである。その一部を要約してご紹介しよう。

――偏差値が最高位の学生が受験するのが東京大学医学部（理Ⅲ）である。全国で最高レベルなのだから、六年後の医師国家試験の合格率でもトップを独占していると思いきや、二〇〇〇年以降、トップになったことは一度もない。それどころか全国平均を下回ったことが三回もあった。京都大学医学部もベスト二〇にさえ一度も入っていない。

大学入試センター試験や有名進学校の受験でチェックするのは脳の機能の一部でしかない。試験が終わるまで覚えておけばいい記憶力である。日本人に創造性がないといわれるのは、たった一枚のCDに保存できるような記憶力を重視し、論理的思考に重きを置かない入試問題にあるのかもしれない。――

（二〇一〇年四月十九日朝刊）

私はこの記事を読んで、あらためて目の覚めるような思いがしたものだ。「頭のいい子」＝「試験で高得点を取ることができる子」と思いがちで、わが子にもつい、それを求めようとする親たちに、「本当にそれだけでいいの？」と疑問を投げかけているように思えたからである。

もちろん、記憶力に秀でている子や問題を解くテクニックに優れている子も、頭のいい子の範疇には入るであろう。しかし、それがすべてではないと、このコラムは指摘しているのだ。

私たちも、今一度、わが子と向き合いながら、試験で高い点数を取ることや子どもの頭の中に膨大な知識を詰め込むことだけにとどまらず、思考力や表現力、創造力や集中力へとつながる導火線に、どうすれば点火できるのかを考えていきたいものだ。

最後に、取材に協力していただいた学校関係者の皆さんや保護者の皆さん、ならびに、執筆のお声がけをいただいたＰＨＰ研究所文庫出版部の前任者、越智秀樹さんと現担当者の加藤知里さんに心から感謝を申し上げ結びとしたい。

〈参考文献〉

『子ども格差——壊れる子どもと教育現場』（尾木直樹著　角川ｏｎｅテーマ21）
『学力をつける食事』（廣瀬正義著　文春文庫ＰＬＵＳ）
『使う！「論語」』（渡邉美樹著　知的生きかた文庫）
『トップアスリート』（小松成美著　扶桑社）
『翔べ、錦織圭！』（テニスマガジン編集部編著　ベースボール・マガジン社）
『競争やめたら学力世界一——フィンランド教育の成功』（福田誠治著　朝日新聞社）
『学力は家庭で伸びる』（陰山英男著　小学館文庫）
『子育て支援の心理学——家庭・園・地域で育てる』（無藤隆、安藤智子編　有斐閣コンパクト）
『「がまんできる子」はこう育てる』（多湖輝著　ＰＨＰ文庫）
『頭のいい子が育つパパの習慣』（清水克彦著　ＰＨＰ文庫）
『日経Ｋｉｄｓ＋』　二〇〇九年十二月号（日経ＢＰ社）
『ＰＨＰのびのび子育て』　二〇一〇年二月号（ＰＨＰ研究所）
『ＰＨＰのびのび子育て』　二〇一〇年四月臨時増刊号　忙しいママの24時間の使い

方（ＰＨＰ研究所）
東京大学大学院教育学研究科基礎学力研究開発センター「学力問題に関する全国調査」（二〇〇六年）
ユニセフ「An overview of child well-being in rich countries」（二〇〇七年）
内閣府「低年齢少年の生活と意識に関する調査」（二〇〇七年）
内閣府「仕事と生活の調和（ワーク・ライフ・バランス）に関する特別世論調査」（二〇〇八年）
文部科学省「体力・運動能力調査」（二〇〇八年）
文部科学省「全国学力・学習状況調査」（二〇〇七年）
文部科学省「全国学力・学習状況調査」（二〇〇八年）
厚生労働省「二一世紀出生児縦断調査」（二〇〇三年）
東京都教育委員会「自尊感情や自己肯定感に関する意識調査」（二〇〇八年）
広島県教育委員会「子どもの睡眠時間と学力テストに関する調査」（二〇〇三年）
Ｂｅｎｅｓｓｅ教育研究開発センター「第一回子ども生活実態基本調査」（二〇〇四年）
Ｂｅｎｅｓｓｅ教育研究開発センター「第二回子ども生活実態基本調査」（二〇

〇九年）
Ｂｅｎｅｓｓｅ教育研究開発センター「若者の仕事生活実態調査」（二〇〇六年）
ＯＥＣＤ「生徒の学習到達度調査」（二〇〇六年）
日本ＰＴＡ全国協議会「子どもとメディアに関する意識調査」（二〇〇九年）
日本経団連「新卒採用に関するアンケート調査」（二〇一〇年）
財団法人こども未来財団「子育てに関する意識調査」（二〇〇七年）
博報堂生活総合研究所「日本の家族20年変化」（二〇〇九年）
明治安田生命「いい夫婦の日に関するアンケート」（二〇〇八年）
読売新聞「私の教育直言」二〇〇九年十一月二十五日朝刊
読売新聞「教育ルネサンス　全国学力テスト６」二〇一〇年四月八日朝刊
朝日新聞「ほしい人材見逃すな」二〇一〇年四月五日朝刊
週刊現代「スペシャル企画　秀さんと遼」二〇一〇年二月十三日号

本書は、書き下ろし作品です。

著者紹介
**清水克彦**（しみず　かつひこ）
ラジオプロデューサー。ジャーナリスト。
1962年愛媛県生まれ。早稲田大学大学院公共経営研究科修了。文化放送入社後、報道記者を経て米国留学。帰国後、キャスター、江戸川大学講師、日本民間放送連盟媒体開発委員などを歴任。
現在は、番組制作に従事するかたわら、南海放送コメンテーター、「家庭力」の重要性を説く教育ジャーナリストとして活躍中。
著書に、ベストセラー『頭のいい子が育つパパの習慣』『頭のいい子のパパが「話していること」』（いずれもＰＨＰ文庫）をはじめ、『中学受験―合格するパパの技術』（朝日新書）、『子どもの才能を伸ばすママとパパの習慣』（講談社）、『ラジオ記者、走る』（新潮新書）など多数。

---

ＰＨＰ文庫　頭のいい子が育つママの習慣

---

2010年７月20日　第１版第１刷
2016年３月16日　第１版第18刷

著　者　清　水　克　彦
発行者　小　林　成　彦
発行所　株式会社ＰＨＰ研究所
東京本部　〒135-8137 江東区豊洲5-6-52
文庫出版部　☎03-3520-9617（編集）
普及一部　☎03-3520-9630（販売）
京都本部　〒601-8411 京都市南区西九条北ノ内町11
PHP INTERFACE　http://www.php.co.jp/
組　版　朝日メディアインターナショナル株式会社
印刷所
製本所　図書印刷株式会社

---

　ISBN978-4-569-67467-4

PHP文庫好評既刊

# 頭のいい子が育つパパの習慣

清水克彦 著

「子どもの前で辞書を引こう」「子どものために会社を休もう」など、父親がどんな生活をすれば、子どもの学力がアップするのかを紹介。

定価 本体五三三円（税別）